말씀이 육아가 되어

말씀이 육아가 되어

아이, 엄마, 아빠가
하나님과 친밀해지는
육아 이야기

김정태 지음

추천의 글

요즘 신학계에선 "일상 신학"이 대세입니다. 평범하기 그지없는 일상에서 하나님의 손길과 그분의 뒷모습을 느껴보는 일입니다. 더는 신학이 하늘에 머무르지 않고 이 땅에 내려오는 일입니다. 신학을 우리 삶에 적용하여 보면 새로운 통찰력을 얻을 수 있을 것입니다. 여기에 소개하는 "육아 신학"이 그런 경우입니다. 어찌 보면 사소하고 반복되는 것처럼 보이는 육아지만 한 생명체를 돌보는 일은 전혀 사소하지 않다는 점에서 육아는 위대한 신학적 행위입니다.

자신이 알고 있는 모든 성경 신학적 지식을 동원하여 아이가 자라가는 과정을 재치 있는 글솜씨로 그려내는 아빠의 재간은 여간이 아닙니다. 특별히 이 책을 구성하는 독특한 아이디어가 돋보입니다. 창세기부터 계시록까지의 정형화된 신학적 주제어들을 톡톡 튀는 재치와 기발한 상상력으로 각각의 육아 단계에 비견하여 서술하고 있는 점입니다. 독자들은 목차만 읽어도 성경 각 권의 핵심 가르침을 쉽게 잡아낼 수 있을 것입니다.

일상적 육아 과정을 성경 신학적 렌즈로 읽으며 펼쳐가는 아빠의 성경 해석은 경쾌한 자판 소리와 함께 무릎을 치게 만듭니다. 아이를 키우는 여느 집에서 흔히 있는 일들을 아빠는 스타카토적 묘사로, 일상의 언어로, 통찰력 있는 성경 해석으로 독자들에게 즐거움과 재미를, 깨달음과 지혜를 선물합니다. 나 역시 아빠의 육아일기를 재미있게 읽고 반추할 거리를 얻으면서 유쾌한 마음으로 추천사를 쓰는 바입니다.

류호준 교수

오웬이 할아버지, 백석대학교 구약학 은퇴교수

아이를 돌보며 진짜 어른으로 커 가는 젊은 아빠 이야기다. 저자는 꼼지락거리며 한 뼘 한 뼘 성장하는 아기를 품에 안고 씻기고 먹이고 함께 뒹굴며 자라 가는 아빠의 성장통을 진솔하게 담았다. 이 책은 육아에 대한 구조적 성차별을 해소하는 영적인 발돋움이다.

김순영
지훈이 엄마, 미주 장로회신학대학교 겸임교수

처음에 《말씀이 육아가 되어》라는 제목을 듣고는 '엥?' 하는 반응이 절로 나왔다. 하지만 원고를 읽으며 우리 부부는 무릎을 탁 치며 동감하게 되었다. 기독교 신앙을 가지고서 육아의 경험이 있는 부모라면 이 책을 읽으며 우리 말뜻을 알아챌 것이다.
우리는 가정이 하나님 나라의 예표 중 하나라는 표현에 동의한다. 사랑하는 이성을 만나서 결혼을 하고 이윽고 부모가 되어 아이를 낳아 기르는 동안 우리는 현실 속에서 하나님과의 관계성을 경험할 수 있다. 아직 어린 아들을 키우고 있는 저자는 그가 듣고 배워 온 성경 말씀이 육아의 현장에서 어떻게 현실로 경험되고 있는지에 대해 흥미롭고도 공감되는 필체로 들려준다.

이성근, 주세희
찬혁, 수현 부모님, 《오늘 행복해야 내일 더 행복한 아이가 된다》 저자, 전 몽골 선교사 처음 원고를 받고선 '아, 나에게 이런 아빠가 있었다면 내 삶이 달라졌을까?' 생각했다. 그리고 원고를 덮으며 '아, 분명 나에게도 그 아버지가 계시는구나!' 하고 마음이 개운해졌다. 간신히 더듬거리며 찾아야 하는 하나님 아버지의 흔적을 일상의 언어, 그것도 육아의 한복판에서 발견해 낸 저자의 묵상과 통찰이 감사하다. 하나님의 사랑을 몸으로 느끼고 싶으신 모든 분들, 그리고 오늘도 육아의 전쟁터에서 사랑의 싸움을 싸우고 계신 모든 분들께 이 책을 추천한다.

전은주
시하 엄마, '내 영혼은 안전합니다' 작곡, 전 어노인팅 예배인도자

독박육아를 몇 년째 하고 있는 싱글맘으로서 처음 추천사를 부탁받았을 때 살짝 주저했습니다. 아빠가 쓴 육아서를 읽는다는 것이 감정적인 어려움이 될 것 같다는 생각에 선뜻 첫 장을 열어 볼 용기가 나지 않았던 것 같습니다. 그러나 용기 내어 읽어 본 이 책에서 저는 엄청난 위로와 격려를 받았습니다. 진솔하고 따뜻한 저자의 글에서 보편적 이미지의 아빠뿐 아니라 우리 사회에서 흔히 볼 수 있는 엄마의 모습 또한 볼 수 있었기 때문입니다. 공감받는 것 같아 마음이 참 따뜻했습니다. 그 공감은 '엄마야 너의 고충을 내가 알아'를 뛰어넘어 '니의 모는 일상이 나의 세계 안에 있단다'라는 하나님의 응원과 격려 메시지였습니다. 서툴고 부족했던 모든 시간 안에 하나님이 계셨다는 것을 깨달으니 오늘을 살아낼 힘이 솟아나는 것 같습니다. 특별한 사건이나 드라마틱한 전개를 하나님의 뜻과 연결하는 것은 어쩌면 쉬울지 모릅니다. 그러나 이 책이 말하는 것처럼 하나님은 항상, 어디에나 계십니다. 하루하루 반복되는 일상의 의미를 찾기 원하시는 분은 이 책을 읽어보십시오. 아마 저처럼 고백하게 될 것 입니다. '하나님의 나라는 지금, 여기, 우리 안에 있다.'

김명선
호연, 송연 엄마, '시선', '내 삶은 주의 것' 작곡, 뷰티풀 워십 대표

저자는 작고 의존적인 존재를 돌보는 육아의 일상을 세상에서 가장 의미 있고 중요한 성육신의 신학으로 조명한다. 일상과 신학을 어색함 없이 조화시키고, 남성의 육아를 당연한 것으로 일반화하며, 따뜻한 위로와 위트, 진지함이 어우러진 문체로 육아에 지친 독자를 환대한다. 아이와 씨름한 긴 하루의 끝자락에서 수고한 당신을 위해, 새벽녘 아이가 깨기 전 육아라는 위대한 성육신을 시작할 당신을 위해 이 책을 추천한다.

김재우
예선, 지환 아빠, 《기꺼이 불편한 예배》 저자, 프로스쿠네오 사역 개발 담당자

네 명의 아이를 키우는 동안 많은 육아책을 읽었다. 육아가 처음이다 보니 가장 손쉽게 찾을 수 있는 책에서 정보를 얻고 공감과 위로를 받곤 했다. 그러면서 엄마 말고 아빠의 시선, '진짜' 육아를 해본 아빠의 이야기가 있었으면 좋겠다는 생각을 했다. 그냥 엄마 옆에서 거들어 주는 정도가 아니라 '진짜' 아이를 키우는 아빠, 남편의 경험은 어떤 걸까. 책을 읽는 내내 참 기분이 묘했다. 엄마의 따스함, 아빠의 깊은 사랑을 넘어 아이를 바라보는 하나님의 시선이 느껴졌다. 아이를 키우는 위대한 일을 하면서도 내 삶에 존재하는 공백과 상실들…, 하나님은 육아를 통해 무엇을 말씀하시는 걸까. '끊어진 것처럼 보이는 시간이었지만 그 시간들을 거쳐 지금 여기, 내가 존재한다'는 결이 아빠의 고백이 가슴 벅차게 들려온다. 육아의 고단함 속에 삶의 의미를 상실할 때, 하나님의 시선으로 다시 한 번 회복되길 원한다면 이 책을 읽어보길. 그리고 여전히 우리를 육아 중이신 하나님을 만날 수 있길 바란다.

제행신
은혜, 요한, 요엘, 지혜 엄마, 《지하실에서 온 편지》 저자

우리는 때로 너무 큰 꿈에 사로잡히는 것 같다. '거대 담론(Meta Narrative)'은 우리의 가슴을 뛰게 하고 고상한 것처럼 보이지만, 반복되는 일상은 무가치해 보이고 식상해 보인다. 육아도 마찬가지다. 아이가 처음 태어날 때는 정말로 세상 모든 것을 줄 것처럼 말하지만 이내 그 다짐은 구겨지고 찌그러지곤 한다. 우리는 이 시간을 통해 하나님의 마음을 배워간다. 한 사람을 사랑하는 것이 얼마나 힘든 일인지, 한 사람을 얻는 것이 얼마나 소중한 일인지, 한 사람을 바라보는 것이 얼마나 기쁜 일인지를 말이다. 그런 측면에서 "하나님도 육아를 경험하셨어!"라는 저자의 얘기가 참으로 위로가 되고 힘이 된다. 우리는 육아를 통해 하나님 나라의 큰일에 기쁨으로 참여한다.

정재식

아린, 서린 아빠, 한국기독학생회 IVF 대표

어쩌면 흔한(?) 육아 이야기의 고정관념을 씻어주는 '육아 묵상(아빠 묵상)'이다. 초보 아빠의 고군분투는 그 자체만으로 아름다운데 성경 렌즈 안에서 풀어가는 이야기가 신선하고 단단하다. 아이와 말씀이 아빠 안으로 훅- 들어가 역동적으로 활동한다. 기뻐하고 견디고, 때로는 눈물 삼키고 고뇌하고, 어쩌다 '욱' 하기도 한다. 그 안에서 한 영혼의 존귀함과 존재의 고유함을 발견하는 '아빠다움', '성도다움'을 찾아가는 글이다. '우리는 무엇을 위해 살아가고 있는가'를 곱씹어 보고 싶은 분들에게, 특별히 현재진행형 육아(양육) 중인 분들에게 강력 추천한다.
덧, 프롤로그와 에필로그에서 '심쿵' 하고 '울컥' 했다. 저자가 말하는 공백이 꽤나 치열했을 것 같아서다.

서자선

화란, 도훈 엄마, 《읽기록》 저자

추천의 글
——— 5

프롤로그
——— 15

1 구약이 육아가 되어

1화	**【창조】사랑은 너를 위한 공간을 마련하는 것** —— 20	
2화	**【형상】임신하시는 하나님?!** —— 26	
3화	**【예정】끝까지 책임질게** —— 32	
4화	**【중보】혼자 힘들게 내버려 두지 않을게** —— 37	
5화	**【임재】주님과 함께하는 인생 캠핑** —— 43	
6화	**【보호】육아하시는 하나님** —— 49	
7화	**【먹이심】관계를 깨트리는 건 언제나 욕심** —— 56	
8화	**【믿음】계획대로 되지 않아도 함께라면 즐거워** —— 62	

9화	【여호수아】 언제 이렇게 컸지?	
	— 68	
10화	【가르침】 넌 혼자가 아니야	
	— 75	
11화	【밥상】 하나님이 차려 주시는 든든한 집밥	
	— 80	
12화	【환대】 네 덕분에 산다 정말	
	— 86	
13화	【이방인】 모두 다 꽃이야	
	— 93	

2 신약이 육아가 되어

14화	**【성탄】기다림, 밑바닥, 찾아옴**	—— 102
15화	**【영광】연약하고 모자라서 더 좋은 너**	—— 110
16화	**【예배】자모실 블루스**	—— 119
17화	**【상처 입은 중보자】해결해 주는 것만이 답은 아니니까**	—— 128
18화	**【성령】너의 세상이 넓어질 때**	—— 136
19화	**【행전】아빠 나 보고 있지?**	—— 142
20화	**【의로움】아빠 껌딱지 흉내쟁이 울 아들**	—— 150
21화	**【존재】노키즈존 OUT!**	—— 157

22화	【성장】 두 돌, 감기를 떼다	—— 164
23화	【훈육】 선 넘네…?	—— 171
24화	【공동체】 떨어져 있고도 싶은데 또 보고 싶고 그르네	—— 178
25화	【복음】 삶이라는 연극의 배우로 살아가기	—— 184
26화	【계시】 끝을 생각하느라 지금을 즐기지 못하면 바보야!	—— 190

에필로그
—— 198

프롤로그

'성육신.'

교회에서 전도사로 일할 때 입에 달고 살았던 말이다. 청소년, 청년들의 삶으로 들어가 그 자리에서 함께 사는 '성육신적인 사역'을 해야 한다고 말이다. 우리는 서로를 격려하고 결의를 다지며 최선을 다해 사역에 임했다. 하루하루 충실히 최선을 다한 날들이었다.

그러다 어느 날 갑자기 나는 아빠가 되었고, 백수가 되었고, 아이를 돌보게 되었다.

가장 먼저 느낀 변화는 교회 일을 할 때와 달리, 육아는 누구도 격려해 준다거나 중요한 일이라고 말해 주지 않는다는 것이었다. 오히려 낮에 유아차를 끌고 산책을 나서면 등 뒤로 느껴지는 따가운 시선과 "어머 저 집은 남편이 일을 안 하나봐…" 같은 말에 위축이 되곤 했다. 초라해진 나를 위로하기 위해 어떻게든 의미를 부여하고 싶었다.

또 하나의 변화는 내가 다른 사람의 필요에 진심으로 반응하게 되었다는 것이다. 나의 세상에서 가장 작고 의존적인 존재, 우리 아이. 모든 시선과 관심을 집중하지 않을 수 없게 만드는, 작은 기침 소리마저 소스라치게 놀라게 하는 이 조그만 녀석. 잠시라도 눈을 떼면 오만가지 물건을 입에 넣고, 침대에서 굴러떨어지고, 온갖 것을 잡아당겨 무너트리는 이 조그만 악당이 내 세계의 전부가 되었다. 나는 내 세상에서 가장 작고 의존적인 존재, 우리 아이에게로 성육신했다!

복음, 구원, 하나님 나라…. 이 거대한 세계에 헌신한다며 한껏 부풀어 있던 나를 잡아끌어서 '육아'라는 작고 소소한 세계로 이끈 마법과도 같은 존재. 아이는 '나'라는 경계를 허물어 '너'라는 존재에 전부를 헌신하게끔 만든다. 아이는 부모를 '현실'로 이끌어 진정한 '어른'이 되어 가도록 이끌어 간다. 그 힘은 너무 강력해서 부모를 우울하게 하기도 하고 손목과 허리에 병을 앓게도 하지만, 아이의 사랑스러움은 모든 수고를 잊게 만든다.

그러다 문득 찾아오는 순간이 있다. 바로 나 자신을 잃어버릴 때! 아이에게 헌신하다 어느 순간 나 자신을 잃어버린 것만 같을 때, 그때 우리는 무엇으로 나를 지켜낼 것인가? 이 글은 이 질문에 답을 찾아가는 나의 여정이다. 나에게 가장 익숙한 것, 성경. 그동안 배우고 가르쳤던 성경은 순간순간마다 어떤 답이 되어 주었고, 우울했던 시간들에 의미를 부여해 줬으며, 글을 쓰는 시간은 내가 어떤 사람인지 일깨워 주었다. 말씀을 붙잡는 동안 말씀은 그야말로 내 삶에 걸어 들어왔다.

아이를 키우며 존재가 흔들리는 것을 경험한 분들에게, 무엇을 붙잡아야 하는지 고민하는 분들에게, 붙잡을 것이 그다지 많지 않다고 느끼는 분들에게 나의 이야기가 작은 도움이 될 수 있으면 좋겠다. 이 글이 아이를 키우는 모든 부모님에게 '지금 하는 일이 세상에서 가장 의미 있고 중요한 일'이라는 위로를, 그리고 '이 중요한 일을 하는 내가 바로 여기 존재한다'라는 확신을 줄 수 있으면 좋겠다. 흔들릴 때마다 꺼내 먹으며 위로를 얻는 엄마네 반찬 같은 책이 되기를.

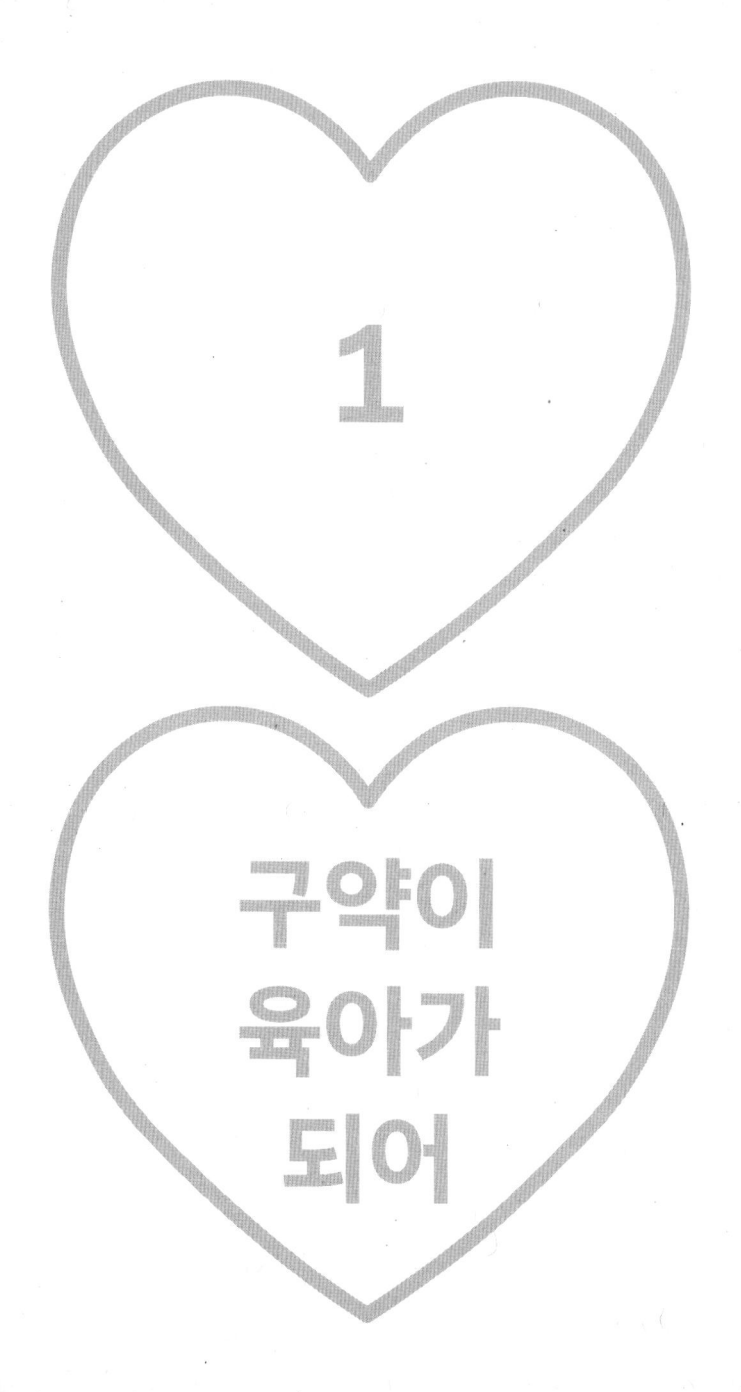

1화

【창조】

너를 기다리며
제일 먼저 배운 것은
누군가를 위해 공간을 준비하는
기쁨이야

사랑은 너를 위한 공간을 마련하는 것

태초에 하나님이 천지를 창조하셨다. 땅이 혼돈하고 공허하며…
하나님이 손수 만드신 모든 것을 보시니, 보시기에 참 좋았다. (창세기 1장 1-2, 31절, 새번역)

"결이가 온다!"

엄마 배 속에서 꼬박 열 달 가까이 보내고 곧 세상으로 나오려고 하는 아들 덕에 우리는 분주해졌다. 아들이 생활할 공간을 마련하기 위해서다. 구석구석에 있던 우리 짐을 치우고 좁은 공간이지만 쓸고 닦으면서 결이 침대와 장난감이 들어갈 자리를 만든다. 조금 볼품없어 보이지만 프린터로 출력한 'WELCOME' 가랜드도 붙이고, 이제 곧 만나게 될 결이를 기다려 본다. 결혼 후 어지럽게 있었던 물건들이 새로운 자리를 찾아가고, 그 자리에 육아용품과 아기 장난감, 바운서가 자리한 것을 보니 여러 가지 생각이 교차

한다.

그런데 책, 책이 문제다. 두꺼운 책 뭉치를 책장에서 꺼내 바닥에 내렸더니 무게를 못 이기고 우르르 무너져 내린다. 아까운 내 책들! 신학생 시절 라면으로 점심을 때우고, 커피값을 아끼며 한 권 두 권 사 모은 책들을 비우는 중이다. 이 공간의 새로운 주인, 곧 태어날 우리 아들을 위해서다. 책을 치우며 미처 몰랐던 내 이기심을 발견하게 된다. 사랑하는 아들을 위한 공간을 만들면서도 아끼는 것을 포기하고 싶지 않은 이중성이라니. '사랑은 참으로 버리는 것'이라는데…. 과연 나는 너를 사랑할 수 있을까? 나는 좋은 아빠가 될 수 있을까? 불안한 마음이 스멀스멀 올라온다.

나는 무언가를 주거나 희생할 때 꼭 대가를 기대하는 사람이었다. 겉으로는 아닌 척했지만 주는 것보다 받는 것에 익숙한 사람이었고, 주머니 사정이 좋지 않은 것은 사실이었으나 그 핑계로 주는 것에 인색했다. 이런 태도는 하나님께도 마찬가지여서 하나님께서 내가 한 사역과 봉사에 무언가 보답해 주실 것을 기대했다. 그래서 힘든 사역을 마치고 하나님으로부터 아무런 보상이 없다고 느껴지면 크게 낙담하곤 했다. 그래서였을까? 부모는 조건 없이 주는 사람이라 생각했기에 아빠가 되는 것이 막연하고 두려웠다. 나는 너무나 모자랐고, 줄 수 있는 것이 없는 사람이었으니까.

무엇을 줄 수 있을지 고민하는 대신 먼저 무엇을 비울 것인지를 고민하기 시작했다. 나는 너를 위해 무엇을 비울 수 있을까? 나밖에 모르는 나, 내 쓸 것, 내 필요한 것밖에 모르는 나, 겨우 책장 하나를 비우면서도 너와 책을 저울질하는 내가 정말 너를 만날 자격이 있을까? 지금껏 교회와 선교단체에서 입버릇처럼 말하던 "사랑합니다"라는 말과 매일같이 부르던 '축복송'이 부끄러워진다. 사랑은 편하고 달달하기만 한 것이 아니라 희생과 포기를 요구하는 어려운 싸움이다. 책장을 치우며 발견한 내 마음은 생각했던 것보다 좁았고, 이 좁은 마음엔 우리 아이를 데려올 수 없다. 나는 하나님이 그러셨던 것처럼 내 아이를 위해 마음에 공간을 만들기로 했다. 눈 딱 감고 더 이상 안 읽을 책들을 과감히 내려놓았다.

하나님의 창조를 '사랑의 창조'라고 말하기도 한다. 이것은 하나님이 사람을 혼돈 속에 내버려 두지 않으시고, 시간과 공간, 사람이 살아가는 데 필요한 모든 상황을 만들어 놓으신 후, 이 모든 준비가 끝난 후에야 사람을 지으시고 살게 하셨다는 뜻이다.

하나님이 세상을 창조하실 때 세상은 혼돈 그 자체였다. 아무런 질서 없이 모든 것이 뒤섞여 있는 모습이 하나님 보시기에 좋지 않았다. 그래서 하나님은 빛과 어둠을 나누고, 하늘의 창들과 땅을 나누고, 그렇게 준비된 땅 위에 식물들과 동물들을 살게 하셨다. 하늘에는 해와 별들과 날아다니는 새들을, 바닷속에는 물에 사는 생명체들을 자리 잡게 하셨다. 이 모든 준비가 끝난 후에야 사람을 지으시고 살게 하신 것이다.

하나님은 먼저 공간을 준비하셨다. 이렇게 하나님은 자기를 비우셨다. 하나님은 무한하시고 홀로 충만하신 분이시기에 굳이 창조를 하실 필요가 없지만, 사람을 사랑하기 위해 일부러 빈 부분을 만드시고 그 안에 세상을 창조하셨다. 하나님은 공간을 준비하는 것으로 사랑을 표현하셨다.

그래. 사랑하려면 먼저 빈자리를 만들어야 한다. 그러지 않으면 아무도 사랑할 수 없다. 내 안에 가득 찬 '내 것'을 가만히 치워 버릴 때, 우리는 마음의 공간에서부터 사랑을 시작할 수 있을 것이다. 우리가 아이를 위해 집을 치우는 것처럼 말이다. 두 손에 무언가를 가득 움켜쥐고 있으면 아이를 안아줄 수 없다. 신앙도 마찬가지인 것 같다. 먼저 붙잡고 있는 것들을 놓지 않으면 하나님의 손을 잡을 수 없다. 어른들이 말씀하셨던 "애 낳고부터가 진짜 신앙생활"이라는 말이 무슨 뜻인지 이제야 조금 알 것도 같다. 그래, 사랑하려면 '비움'이 필요한 거였다.

2화
【형상】

네 안에 내 모습이 있듯
우리 안에도 그분의 모습이 있지

임신하시는 하나님?!

하나님이 말씀하시기를 "우리가 우리의 형상을 따라서, 우리의 모양대로 사람을 만들자." (창세기 1장 26절, 새번역)

하나님께서 세상을 이처럼 사랑하셔서 외아들을 주셨으니… (요한복음 3장 16절, 새번역)

 우리 아이는 태어나서 엄마를 똑 닮았다는 이야기를 많이 들었다. 그런데 맙소사! 시간이 지날수록 아빠 판박이가 되어가는 것이 아닌가? 아들이 나를 닮았다는 것은 정말 자랑스럽고 기분 좋아지는 칭찬이 아닐까 싶다. 날 닮았는데 어쩜 이렇게 예쁠 수 있지? 그런데 나를 닮은 아이가 아플 때면 아이의 아픔이 마치 내가 아픈 것처럼 고스란히 전해진다.

 결이가 우리에게 온 과정은 순탄치 않았다. 임신 중기를 지나 탯줄이 제대로 자리를 잡고 있지 않아 성장에 문제가 생길 수 있다는 진단을 들었다. 다행히 아이가 주수에 맞게 잘 자라고 있어서 큰 문제는 아니었지만, 배 속에 있는 아이에게 무언가 문제가 있다니 부모로서 매우 걱정되는 일이 아닐 수 없었다. 출산일이 임박했을 적에는 유도분만을 했음에도 아이가 나올 기미가 보이지 않자 뭔가 이상함을 느낀 의사 선생님이 바로 수술을 시작하셨는데, 결이가 탯줄을 목에 감고 있어서 하마터면 위험할 뻔했다. 지금도 그때를 생각하면 등골이 오싹하다. 이외에도 여기에 다 말할 수 없는 크고 작은 어려움을 지나 우리는 결이와 만나게 되었다.

 결이는 100일도 되기 전, 요로감염 때문에 두 번이나 입원을 하기도 했다. 신장과 방광 사이에 막이 제대로 형성되지 않아서 요로감염에 걸렸다는 것이다. 엄마 배 속에서도 우여곡절이 많았던 우리 아이, 태어나는 날도 엄마 아빠를 긴장시켰던 우리 아이. 그런 내 아이가 무언가 다 만들어지지 않고 태어났다는 이야기를 들으니 부모로서 얼마나 미안한 마음이 들었는지 모른다. '내가 잘못해서 내 아이가 이렇게 고통을 받는구나. 다 나 때문이구나' 하는 생각에 너무 괴로웠다. 아마 아이가 아프면 부모들은 다 비슷한 생각을 하지 않을까? 물론 아이가 아픈 게 결코 부모 잘못만은 아니겠지만 죄책감을 쉽게 떨쳐버릴 수는 없었다.

아이와 함께 살며, 특히 아이의 아픈 시간을 함께 보내며 애태운 날이 적지 않았다. 그런데 하나님도 우리를 보며 이렇게 애태우신다는 사실을 알고 있는가? 히브리어로 '긍휼'을 뜻하는 '레헴'은 '어머니의 자궁'을 뜻하는 단어이기도 하다. 그래서일까. 성경 곳곳에서 마치 배 속에 품은 아이를 생각하는 부모처럼 애태우고 계시는 하나님을 어렵지 않게 발견할 수 있다. 우리는 '하나님께서 자기 형상을 따라 사람을 창조하셨다'라는 성경 초반부의 이야기를 쉽게 지나치곤 한다. 하지만 이 말처럼 우리를 생각하는 하나님의 마음을 정확하게 보여주는 말은 없을 것이다. 하나님은 우리를 자기 형상을 따라 직접 빚으시고, 숨결을 불어넣은, 그리고 배 속에 품고 애태우며 키우는 자녀라고 말씀하신다.

순번을 기다리느라 소아과에서 대기하며 지칠 때, 아이가 아파서 잠들지 못해 밤을 새울 때, 어디에 쿵 부딪힌 아이를 보고 놀란 가슴을 쓸어내릴 때, 열이 올라 지쳐 늘어진 아이를 보며 안타까워할 때, 자다 깨서 보채는 아이를 안고 어를 때, 분유와 이유식을 잘 먹지 않는 아이를 보며 걱정하며 한숨을 내쉴 때 하나님은 날 닮은 아이의 아픔에 애태우는 우리에게 깊이 공감하신다. 그때 우리는 우리를 향한 하나님의 뜨거운 마음을 느낄 수 있다. 육아를 통해 '하나님이 세상을 이처럼 사랑하셨다'는 말이 어떤 뜻인지를 조금씩이나마 깨닫는다.

아이가 아팠다는 사실이 어쩌면 나중에 기억이 나지 않을지도 모르겠다. 하지만 아이와 아픔을 공유했던 순간들은 차곡차곡 쌓여 아이와 부모의 마음 깊은 곳에 남아 있을 것이다. 그리고 그렇게 쌓인 이야기들이 우리를 더 단단하게 이어 줄 것이다. 지나온 시간과 이야기를 공유하기 때문에 우리는 더 깊어지고, 그 시간은 우리를 더 친밀하게 만들 것이다. 집에 틀어박혀 아이와 쌓아온 시간은 결코 헛되지 않다.

애태우지 않는 사랑은 없다. 누구나 사랑하는 사람 때문에 애태우고, 아프고, 힘든 시간을 보낸다. 하나님과의 사랑도 마찬가지다. 연약한 인간이 하나님을 믿는다는 것은 정말 애가 타는 일이다. 삶의 어려움 속에서 응답이 더 딜 때, 우리는 애타게 하나님을 찾는다. 하지만 중요한 것은 문제가 해결되는 것보다 애타는 시간 속에 쌓인 하나님과의 이야기, 그 안에서 깊어져 가는 그분과 우리의 관계이다. 우리는 하나님의 형상이기에 하나님께서는 우리를 기억하고 찾아오신다. 지금 겪는 우리의 아픔은 시간이 지나고 나면 웃으며 말할 수 있는 추억이 될 것이다. 당신은, 그리고 우리는 혼자가 아니다. 우리의 육아는 혼자 하는 것이 아니다. "You'll Never Walk Alone."

3화
【예정】

이제는 네가 없는 시간을
상상할 수가 없는걸

끝까지 책임질게

아브람아, 두려워하지 말아라. 나는 너의 방패다. 네가 받을 보상이 매우 크다. (창세기 15장 1절, 새번역)

모든 것을 갖춰 놓고 결혼과 육아를 시작하는 경우는 별로 없을 것이다. 결혼 후 차근차근 살림살이를 하나씩 늘려 가고, 아이가 찾아오면서 육아용품을 채우다 보니 항상 주머니 사정이 힘들었다. 전도사로 산다는 게 보통 그렇겠지만 임신한 아내가 먹고 싶어 하는 걸 제때 사주지 못하는 무능력함 속에서, 없는 살림에 결혼과 임신을 후회하던 때도 있었다. 들키지 않으려고 이불 뒤집어쓰고 꺽꺽거리며 울음을 삼키던 밤이 여러 날이었다.

아이가 태어나고 크게 바뀌지 않는 상황 속에서 여러 위기와 고비를 넘기며 지금까지 '저엉말' 잘 버텨온 나를 칭찬해주고 싶다. 아이의 존재가 몇 번이고 힘든 순간들을 넘길 수 있는 힘이 돼주었는지 모른다. 가끔 아내와 "만약 우리가 결혼을 안 했더라면, 아이를 낳지 않았더라면…" 하고 이야기를 꺼낼 때가 있었다. 하지만 결론은 언제나 "하길 잘했어!"이다. 예전에는 "만약 과거로 돌아갈 수 있다면…" 하며 지나간 날을 후회하기도 했지만, 이제는 내 아이를 만날 수 없을지도 모르는 시간을 상상하면 절대로 과거로 돌아가고 싶지 않다. 아이와 함께하는 지금이 아닌 다른 시간을 생각할 수가 없다.

보통 창조를 생각할 때 '공간'의 창조를 생각하기 마련이다. 하지만 하나님은 '시간'도 창조하셨다. 우리는 '창조 이전'을 궁금해하지만 '창조 이전'이라는 시간 자체는 존재하지 않았다. 하나님이 창조를 시작하고 나서야 시간이 흐르기 시작했기 때문이다. 그리고 그 시간은 한 번도 뒤로 돌아간 적이 없다. 하나님은 인간의 수많은 실패에도 불구하고 시간을 과거로 돌려 없던 일로 만드는 대신에 하나님 스스로 모든 것을 끝까지 책임지시는 신실함을 보여 주신다.

청년 시절, 요한복음 한 구절이 마음 깊이 들어와 한참을 울었던 적이 있었다. "… 세상에 있는 자기 사람들을 사랑하시되 끝까지 사랑하시니라"(요 13:1)라는 구절이었다. 이 말씀 앞에서 "하나님, 주님 보시기에 모자라고 항상 실수만 저지르는 저를 왜 이토록 사랑하시나요?"라고 물었다. 그때 깨닫지 못했던 답을 아이를 키우면서 조금이나마 알게 된 것 같다. '내가 내 아이를 포기할 수 없는 것처럼 하나님도 나를 포기할 수 없으시구나.'

한없이 부족하지만 부모로서 최선을 다해 책임을 지려고 노력하는 우리의 모습에서 아담, 노아, 아브라함, 이스라엘 그리고 우리가 만들어 낸 수많은 실패에 아랑곳하지 않으시고 끝까지 사랑을 관철시키시는 하나님의 모습을 아주 조금이나마 느낄 때가 있다.

우리는 무엇 하나 되돌릴 수 없다. 미래를 알 수도 없다. 매 순간 흔들리고, 이것이 맞는지, 잘하고 있는지 확신할 수 없음에도 최선을 다해 선택하고, 선택에 책임을 다하려고 노력할 뿐이다. 그것이 시간을 살아가는 인간으로서 필요한 태도가 아닐까. 그래서 나는 하나님께서 시간 안에서 만나게 하신 이 아이를 위해 오늘도 최선을 다하려고 한다.

아이를 키우는 것이 처음이라 실수투성이에 부족한 게

당연하지만, 포기하지 않아서 다행이다. 힘들어서 포기하고 싶어질 때마다 우리를 포기하지 않으시는 그분의 손길이 우리 가정을 지켜 주시기를 기도한다.

4화

【중보】

너의 필요를 채우기 위해
엄마 아빠는 항상 대기 중!

혼자 힘들게 내버려 두지 않을게

그러나 이제 주님께서 그들의 죄를 용서하여 주십시오. 그렇게 하지 않으시려면, 주님께서 기록하신 책에서 저의 이름을 지워 주십시오. (출애굽기 32장 32절, 새번역)

아이가 두 번째 입원을 했다. 약 기운이 들 때는 생긋생긋 잘 웃고 놀다가도 밤이 되고 열이 오르면 잠도 잘 못 자고 울어대기 일쑤였다. 그러면 나는 다른 아이들이 깨지 않게 아이를 유아차에 태워 병실을 빠져나와 아무도 없는 병원 1층 로비를 빙빙 돌며 잠을 재웠다. 적막한 로비를 빙빙 돌면서 할 수 있는 건 나지막이 기도하는 것뿐이었다.

그렇게 시작된 기도는 시간이 지날수록 점점 내가 살아왔던 과거의 이야기를 하나님 앞에 털어놓는 시간으로 변해 갔다. 혹시나 '과거의 내가 잘못한 죄를 회개하지 않아서 아이가 아픈 것은 아닐까' 하는 마음에 그랬다. 누가복음 13장에는 실로암에서 망대가 무너져 사람들이 죽은 일에 대해 예수님께서 언급하시는 장면이 나오는데, 당시 사람들은 사고로 죽은 이들은 죄가 있기 때문에 화를 당한 것이라고 생각했던 것 같다. 한순간에 모든 것을 잃고 무너진 욥에게 혹시 숨은 죄가 있어서 그런 것 아니냐며 욥의 상처를 헤집는 욥의 친구들처럼 말이다.

그래. 머릿속으로는 이것이 신학적으로 옳지 않다는 걸 잘 알고 있다. 하지만 사랑하는 아이가 이렇게 아픈데 그게 무슨 상관일까? 지푸라기라도 잡는 심정으로 뭐라도 해보고 싶은 거지. 사람은 누구나 이해할 수 없는 아픔과 불행 앞에서 원인을 찾고 싶어 한다. 우리도 갑작스러운 문제 앞에서 문제의 원인을 자신이나 다른 누군가의 죄에서 찾기 마련 아닌가? 왜 그럴까? 아마도 상황을 받아들이기 위한 몸부림이 아닐까 싶다. 이해되지 않지만 이해하고 싶어서, 희망을 놓지 않고 싶어서, 헤쳐 나갈 길을 찾고 싶어서 말이다. 이런저런 생각을 하면서 기도를 하다 보니 어느새 기도의 내용은 이렇게 바뀌었다.

"하나님, 차라리 제가 아픈 게 낫겠습니다.
결이를 낫게 해주시고 차라리 저를 아프게 해주세요."

이렇게라도 해서 이 상황을 해결할 수 있다면, 네가 나을 수만 있다면 얼마든지…. 이렇게나 간절한 기도는 처음이었던 것 같다.

🐼

모세의 기도가 나오는 출애굽기 32장은 31장의 희망적이고 긍정적인 분위기는 온데간데없고, 이스라엘 백성들이 금송아지를 만든 사건 때문에 하나님과 맺은 언약이 깨어질 위기에 봉착해 있다. 히브리어로 언약을 뜻하는 단어는 고대에 약속을 맺는 당사자가 제물로 바쳐진 짐승을 반으로 가르고, 그 사이를 걷는 데서 유래했다. 이 행동은 약속을 어기는 사람은 쪼개진 짐승처럼 죽게 될 것이라는 무시무시한 뜻을 담고 있다. 이스라엘은 약속을 어겼고, 고대의 상식대로라면 죽는 것이 마땅한 상황에 처했다. 이 위기 속에서 모세는 백성들을 위해 다시 하나님께 올라간다. '이 백성을 용서해 달라'고, '그렇게 하지 않으시려면 차라리 나를 버려 달라'고 하면서 말이다.

모세를 이렇게 기도하게 만든 이유는 무엇이었을까? 어쩌면 과거에 대한 후회 때문은 아니었을지 조심스럽게 생각해 본다. 모세는 자기 동족을 사랑하는 마음을 이집트인을 때려 죽이는 섣부른 분노로 표현했었고, 그 결과 살기 위해 먼 곳으로 도망쳐야만 했다. 그렇기에 자기 동족 이스라엘 백성들에게 깊은 마음의 빚을 지고 있었던 것은 아닐까. 다시는 이스라엘 백성들을 내버려 두고 자기만 사는 것을 반복하고 싶지 않았기에, 이렇게 하나님 앞에서 목숨 걸고 매달린 것은 아니었을까.

우리가 흔히 '중보기도'라고 하는 '이웃을 위한 기도'의 영단어 'intercession'의 어원을 보면 '사이로 들어가다', '중재하다'라는 뜻이 있다. 모세가 하나님과 이스라엘 사이에 난 갈라진 틈새에 서서 하나님의 진노를 막아낸 것처럼, 우리도 우리 주변에 보이는 수많은 틈새 사이로 들어가 서로를 회복시키는 평화의 사람이 될 수 있다. 혹시 우리 주변에 이런 틈새가 있진 않은가? 아니, 사실은 갈라진 부분이 보이는데도 모른 척 회피하고 있지는 않은가? 육아로 지친 아내나 남편의 모습이 보이지만, 울고 보채는 아이와 손이 열 개라도 모자란 상황들이 보이지만, 내가 편하기 위해서, 그건 내 일이 아니라고 생각해서 그냥 모른 척하고 있는 것은 아닌가? 가끔 육아를 '도와준다'고 자랑스럽게 말하는 남편들을 보게 된다. 그들에게 묻고 싶다. "당신 아이 아닌 가요? 왜 아빠로서 당연한 일을 마치 '남의 일 돕는 것'처럼 말합니까?"라고 말이다.

그렇다. 아이를 키우는 것은 남의 일이 아니다. 내 아이이고 부부가 함께 키우는 것이다. 모세처럼 사이로 뛰어 들어가 책임을 져야 하는 일이다. 그 틈새는 아이를 위해 하나님께서 부모 모두를 부르시는 자리이다. 진정한 가정의 리더는 바로 그 틈새를 발견하고 들어가 갈라진 곳을 메우는 사람이다. 성별의 문제가 아닌, 상대를 사랑하고 헌신하려는 사람의 몫이다. 어렵지 않다. 먼저 발견한 사람이 시작하면 된다. 자, 이제 모르는 척, 안 보이는 척은 그만하고 저기 쌓여 있는 아이 젖병부터 씻어 보자.

5화
【임재】

'어디에 있느냐'도
중요하지만,
'누구와 함께 있느냐'도
정말 중요한 것 같다

주님과 함께하는 인생 캠핑

내가 내 장막을 너희 중에 세우리니 내 마음이 너희를 싫어하지 아니할 것이며 나는 너희 중에 행하여 너희 하나님이 되고 너희는 나의 백성이 될 것이니라 (레위기 26장 11-12절, 개역한글)

아이 가진 부모라면 다 겨울이 두렵지 않을까 싶다. 봄, 여름, 가을에는 심심하면 놀이터에라도 가서 애들을 풀어놓으면 되지만, 겨울에는 심심해서 몸이 근질근질한 아이들을 도대체 풀어놓을 곳이 없으니 말이다. 키즈 카페는 어디나 꽉꽉 차 있고, 괜찮은 실내 행사는 비싼 입장료 때문에 자주 갈 수가 없고, 집에서 뛰어놀게 하자니 아랫집에 미안한 마음이라 5분마다 "아빠! 심심해!! 놀아줘!!!"를 외치는 아이를 위해 아빠는 언제나 연구 중이다. 그러다 한번은 장을 보고 마트에서 가져온 박스들이 눈에 뜨여서 박스들을 이리저리 자르고 이어 붙여 조그마한 박스 집을 방 한구석에 만들어 주었다. 그랬더니 신나서 난리가 났다.

거기다 종이컵 실 전화기까지 만들어 주었더니 신나게 박스 집 안에 들어가 논다. 작전 성공!

　문제는 작전과 달리 결이가 자꾸 자기 집으로 초대를 하는 것이다. 이런…. 그런데 그 좁은 집 안에 몸을 꾸역꾸역 넣어 보니 의외로 아늑한 느낌이 들었다. 어릴 때 동화책과 얇은 이불로 기지를 만들어 동생과 놀았던 기억이 떠올랐다. 버팀목이 없어 방문에 묶어둔 이불 때문에 혹여 누가 문을 살짝 당기기만 해도 와르르 무너지는 부실한 기지였지만, 그 안은 우리의 이야기가 펼쳐지는 곳이었고 세상에서 가장 아늑하고 안전한 장소였다. 결이도 그랬을까? 결이는 그 좁은 박스 집 안이 뭐가 그렇게 좋은지 연신 "좋다~"고 말하며 미소를 짓는다. 오늘도 이렇게 하루 놀이는 성공인 듯하다. 내일은 뭐하고 놀지…?

　사람들이 안정감을 찾는 첫 번째 장소는 집이 아닐까 싶다. 나는 집에 별다른 좋은 게 없어도 일단 빨리 퇴근해서 집에 가고 싶다. 가서 가족을 만나고, 하루 살았던 이야기를 나누고, 함께 저녁을 먹고, 때로는 산책을 하고, 때로는 텔레비전을 보다가 아이에게 동화책을 읽어 주고 잠드는 것이 좋다. 이렇게 반복되는 일상이 주는 안정감은 상당히 크다. 항상 누리고 있기 때문에 잘 알지 못하지만, 갑자기 일상이 무너질 때 받는 타격은 이루 말할 수 없다. 옆에 있던 가족이 아파서 입원을 한다거나 갑작스레 이사를 해야 할 때, 그제야 우리는 평범했던 일상이 주는 소중함을 느끼게 된다. 청소년기의 나는 넉넉하지 못한 집안 사정으로 일 년에도 몇 번씩 이사를 해야 해서 이사할 필요가 없는 '내 집'에 대한 갈망이 너무나도 컸다. 움직이지 않고, 변하지 않는 돌아갈 곳이 있으면 좋겠다는 바람이 항상 있었다. 어쩌면 우리 모두는 그런 든든한 고정된 집에 대한 기대를 가지고 있는지도 모른다.

성경을 보면 하나님께서 우리 가운데 '장막'을 치고 함께하실 것이라는 구절이 있다. 아마 '천막(텐트)'이 우리에게 더 익숙한 표현일 것이다. 천막은 중동에서 유목민들이 거주하는 장소로, 여러 곳을 돌아다니는 유목민 특성상 우리가 생각하는 고정된 집과는 조금 거리가 있다. 우리는 '항상 그 자리에 있는' 집을 꿈꾸지만, 성경은 '움직이는' 집을 이야기한다. 우리는 "자, 도시를 세우고, 그 안에 탑을 쌓고서, 탑 꼭대기가 하늘에 닿게 하여, 우리의 이름을 날리고, 온 땅 위에 흩어지지 않게 하자"(창 11:4, 새번역)는 식의 안정감을 이야기하지만, 성경은 "너는, 네가 살고 있는 땅과, 네가 난 곳과, 너의 아버지의 집을 떠나서…"(창 12:1, 새번역)라고 말한다. 재밌는 것은 히브리어로 '장막'의 어원은 '영원히 머문다', '거주한다'라는 뜻을 갖는다는 점이다. 이것은 마치 하나님이 이렇게 말씀하시는 것처럼 느껴진다.

너는 나그네야. 언제나 익숙함을 버리고 목적지를 향해 가는 나그네. 이 여행의 끝이 어디인지, 어떻게 가야 하는지 불안하겠지만, 걱정하지 마. 내가 너의 텐트에 같이 살기로 했으니까. 나는 너와 항상 함께하고, 네가 가는 길을 지켜 줄 거야. 너를 절대 떠나지 않을 거야. (창 28:15, 저자 의역)

우리는 스스로 안정감의 기준을 만들어 놓고 하나님께 우리가 만든 곳으로 오셔서 안정감이 되어 달라고 이야기할 때가 많다. 평판, 지위, 학력, 인맥, 직장, 통장 잔고 등등…. 우리는 멋진 재료로 든든하고 움직이지 않는 집을 지으려고 한다. 하지만 하나님은 화려한 솔로몬의 궁전 대신에 우리 가운데 '천막'을 치고 함께하시겠다고 말씀하신다. 하나님의 임재는 거창한 예배나 의식을 치른다거나 기도를 많이 한다고 해서 경험할 수 있는 것이 아닌 것 같다. 그분은 우리가 의식하건 못하건 간에 우리 인생 여행 가운데 텐트를 치고 함께하신다. 우리를 둘러싼 수많은 두려움과 어려움 속에서 안정감을 갖도록 도와주신다. 마치 박스 집안에서 "좋다~" 말하는 결이처럼 말이다.

박스 집은 방 구조를 바꾸면서 치워버렸지만 결이는 아마 박스 집 안에서의 따뜻했던 기억을 계속해서 갖고 있을 것이다. 마찬가지로 우리를 둘러싼 환경은 항상 변하지만 우리는 버텨 낼 수 있을 것이다. 하나님과 함께했던 기억이 우리 안에 남아 있다면 말이다. 우리 인생은 허름한 천막 같지만, 그곳엔 천막을 치고 거하시는 하나님의 임재가 있다.

6화
【보호】

어쩌면 나만이 할 수 있는 일은
저 멀리 있는 큰 일이 아니라
일상에서 소홀히 여겼던 이 작은
일이 아닐까

육아하시는 하나님

주님께서는, 그들이 밤낮으로 행군할 수 있도록, 낮에는 구름기둥으로 앞서 가시며 길을 인도하시고, 밤에는 불기둥으로 앞 길을 비추어 주셨다. 낮에는 구름기둥 밤에는 불기둥이 그 백성 앞을 떠나지 않았다. (출애굽기 13장 21-22절, 새번역)

 아이가 크면서 제일 기뻤던 때를 고르라면 언제일까? 처음 뒤집었을 때? 처음 서고 걸었을 때? 아니면 말을 하기 시작했을 때? 나는 단연코 젖병을 끊었을 때! 라고 말하겠다. 더 이상 젖병을 씻고 소독하지 않아도 된다는 그 해방감! 이건 정말이지 안 겪어 본 사람은 절대 모를 거다. 젖병은 아이가 직접 입에 대고 먹는 그릇이기 때문에 분유 찌꺼기가 남아 상하지 않도록 각별히 신경 써서 씻어야 한다. 특히 꼭지 부분의 돌기나 접혀 들어간 부분을 무심코 내버려 두면 물때나 분유 찌꺼기가 금방 끼기 마련이다. 그래서 아주 미세한 솔로 때가 남지 않도록 깨끗하게 정리해 줘야 한다. 병 안쪽도 손으로 닦기 힘들기 때문에 특수한 스펀지나 솔로 구석구석 닦아 줘야 한다. 그러면 끝이냐? 아니다. 뜨거운 물로 삶아서 소독하거나 소독기에 돌려 항상 청결한 상태를 유지해야 한다. 아이가 점점 자라면서 분유 먹는 양과 횟수가 늘어나면 젖병은 금세 싱크대 한구석에 쌓이게 된다. 젖병만 그런가? 빨래도 끊임없는 도전이다. 일주일에 한두 번만 돌려도 되었던 세탁기가 이제는 일주일의 어느 때라도 돌아간다. 결이가 크면서 활동량이 많아지다 보니 땀도 많이 흘리는 데다, 온갖 흙바닥, 물바닥에서 뒹굴고 놀다 들어오면 엊그제 빨래를 했더라도 금방 빨랫거리가 쌓이기 마련이다. 하….

그런데 어느 날, 빨래를 널다가 이런 생각이 들었다. '만약 내가 이런 일들을 안 한다면 결이는 어떻게 될까?' 내가 빨래를 제때 안 한다면 결이는 어제 입어 지저분해진 옷을 입고 어린이집에 가야 하겠지? 친구들이나 선생님이 이상하게 생각하는 건 물론이고 온갖 더러운 세균들 때문에 병에 걸릴 수도 있겠지? 귀찮다고 젖병을 제대로 씻지도 않고 소독하지도 않은 채로 어제 먹은 분유가 남은 병에 분유를 타서 주면 배탈이 나거나 큰 문제가 생길 수도 있겠지?

결이가 이런 보호를 못 받는다면, 또는 누군가의 아이가 이런 상황에 있다면…. 이런 생각을 하자니 너무 슬퍼져 버렸다. 젖병 씻기, 빨래하기는 아무것도 아닌 일처럼 보일 수도 있지만 게을리하면 사랑하는 내 아이가 큰 어려움을 겪을지도 모르는 중요한 일이다.

사실 나는 사람들 앞에서 설교하고, 심방하고, 영적인 필요에 대해 이야기하는, 이른바 '사역'이 부르심이라고 생각했다. 나는 그 일을 해야 하는 사람이기 때문에 이렇게 집에서 젖병을 씻고 애를 보는 일이 솔직히 억울했다. 나에게는 더 중요한 일이 있었고, 그 일을 하지 못하게 하는 이 상황들이 너무 싫고 우울했다. 아이를 돌보는 일은 누구나 할 수 있는 일이지만, 사역은 나만이 할 수 있는 일이라고 절대적으로 믿었다. 하지만 솔직히 말하면 내가 없어도 사역은 잘 돌아갈 것이고 거기엔 딱히 내가 필요하지 않았다. 그러나 지금, 여기 내 옆에는 내 손길이 없으면 살 수 없는, 제대로 된 생활을 누릴 수 없는, 나를 누구보다 필요로 하는 사랑하는 아들이 있다.

"야곱의 집안아, 이스라엘 집안의 모든 남은 자들아, 내 말을 들어라. 너희가 태어날 때부터 내가 너희를 안고 다녔고, 너희가 모태에서 나올 때부터 내가 너희를 품고 다녔다." (이사야 46:3, 새번역)

이집트에서 탈출한 이스라엘 백성은 마치 신생아와도 같았다. 성경에서 종종 하나님이 이스라엘 백성을 향해 '내가 너희를 낳았고 길렀다'라고 말씀하시는 것을 발견할 수 있다. 하나님은 스스로 이스라엘에게 묶이셨다. 하나님의 배 속에서 열 가지 재앙과 붉은 바다를 건너 갓 태어난 이스라엘은(출애굽을 떠올릴 때 임신 개월 수와 출산 장면 이미지가 떠오른다면 지나친 생각일까?) '광야'라는 세상을 살아가야만 했기에 세심한 보호를 필요로 했다. 그래서 하나님은 내가 결이를 안듯이 이스라엘 백성을 품에 안고 다니셨던 것이다. 그렇구나, 하나님도 육아를 경험하셨어!

불기둥과 구름기둥은 영하와 영상을 넘나드는 광야의 밤낮 속에서 사람이 생존하기 위해 필요한 가장 기초적인 도움이었다. 또 풀 한 포기 나지 않는 광야에서 하나님은 만나로 자기 백성들을 먹이셨다. 안식의 땅에 도착하는 날까지 말이다. 하나님은 이 이집트 탈출 사건을 자기의 영광으로 삼으시고 모든 백성이 영원토록 부를 노래로 삼으셨다. 고대 근동의 신(왕)들이 사람들을 착취하고, 제물을 요구하며, 건축을 위한 노예로 삼아 자기들의 욕망과 성취를 자랑할 때, 하나님은 자기 백성에게 보이신 사랑을 자신의 최고의 노래와 영광으로 삼으셨다. 우주를 창조한 전능하신 분이 작고 연약한 인간에게 보이는 소박하고 신실한 사랑. 그 사랑 앞에서 하나님의 일을 한다고 자랑할 수 있을까.

세탁기에서 빨랫감을 꺼내며 다다른 이 결론은 '하나님의 일'을 한다는 착각과 겉멋에서 나를 구원해 주었다. '신학을 했다고? 설교를 한다고? 하나님의 일을 한다고? 영혼을 돌본다고 까불기 전에 네 손에 맡긴 어린 생명부터 잘 돌봐라. 하나님이 다른 사람들을 너한테 맡겼는지는 잘 모르겠지만, 네 아들은 분명히 너한테 맡겼다'라는 마음의 소리가 들려왔다. 그렇구나, 나는 지금 정말 중요한 일을 하고 있는 거였구나. 나는 아이에게 묶인 이 시간을 자랑스러워하게 되었다. 이것이야말로 내가 받은 사명 중에 가장 확실하고 멋진 사명이었다. 오늘도 나는 군말 없이 빨래를 돌린다. 내일 결이가 어린이집에 체육복을 입고 가야 하니까.

7화
【먹이심】

식사는
함께 둘러 앉은
우리의 관계를
다시 한번 확인하는
'예배'의 자리다

관계를 깨트리는 건 언제나 욕심

바로 그 곳을, 사람들은 기브롯 핫다아와라 불렀다. 탐욕에 사로잡힌 백성을 거기에 묻었기 때문이다. (민수기 11장 34절, 새번역)

그들이 그들의 탐욕대로 음식을 구하여 그들의 심중에 하나님을 시험하였으며 (시편 78장 18절, 개역개정)

결이는 먹는 것을 좋아한다. 정말 좋아한다. 어느 정도냐면 엄마 아빠를 견제할 정도로 좋아한다. 먹는 거 좋아하는 엄마 아빠한테서 태어났으니 오죽하겠냐마는 얘는 정말 먹을 것에 대한 관심이 특별하다. 먹을 것에 대한 결이의 순수한 열정은 가끔 사고로 이어지기도 한다. 모든 음식을 좋아하는 결이는 특히 면을 좋아하는데, 어느 날은 엄마 아빠가 자주 먹는 라면이 그렇게 맛있게 보였는지 한 입만 달라고 보채는 것이었다. 우리는 둘 다 '어디 한번 해봐' 하는 스타일로 웬만하면 직접 해보고 깨닫게 하는 편이라 말리지 않고 한 가닥을 줘 보았다. 신이 나서 한 입 후루룩 들이켠 결이는 아니나 다를까, 울상이 되면서 "매워" 하며 물을 찾았다. 그렇게 입에 손을 대고 난리 법석을 떨더니 조금 있다가 이렇게 말하는 것 아닌가? "또 주세요."

결이는 서너 살 때부터 이미 삼겹살 마니아에, 피자는 두세 조각씩 먹었으며, 어린이집 급식은 무조건 두세 번 리필을 해야 했다. 이런 먹성 때문에 장모님과 어린이집 선생님께 '혹시 집에서 애를 굶기는 것은 아닌가' 진지하게(?) 의심을 받기도 했다. 오늘도 엄마 아빠는 결이의 먹성 때문에 열심히 일을 한다고 한다……. (눈물)

한 가지 문제는 결이가 먹고 싶은 것을 충분히 먹지 못할 때 엄마 아빠에게 짜증을 부린다는 것이다. 자기를 위해 열심히 밥을 차려준 것에 감사하는 대신 자기 욕구가 완전히 채워지지 않은 것에 화를 내는 태도는 결국 '눈물 쏙 잘못했어요 엔딩'으로 마무리되기 일쑤다.

우리는 역사상 가장 먹을 것이 풍족한 시대에 살고 있다. 우리는 기본적으로는 생존을 위해 음식을 먹지만, 맛의 취향, 눈으로 보는 즐거움, 음식이 가지는 특별한 분위기, 심지어 음식을 먹는 장소나 배경 등 아주 다양한 이유로 음식을 먹는다. 하지만 예수님 당시의 팔레스타인은 하루 한 끼 해결하기도 어려운, 그야말로 식사가 곧 생존의 문제로 직결되는 상황이었다. 그래서 '오병이어'의 기적을 경험한 회중이 그렇게 예수님을 왕으로 삼으려고 따라갔던 것이다. 예수를 따라가면 끼니 문제를 해결할 수 있을 것 같으니까. 이런 점에서 마태복음 6장에 나오는 '주님의 기도'에서 말하는 '일용할 양식'은 그야말로 생존을 위한 처절한 간구이다. 그 한 번의 식사에 생명이 달려 있기 때문에.

광야로 나온 이스라엘 역시 같은 문제에 직면하고 있었다. 자급자족이 불가능한 상황에서 하나님은 '만나와 메추라기'라는 수단을 통해 이스라엘의 생존 문제를 해결하신다. 하지만 이스라엘은 고기와 각종 채소를 원했고, 음식 때문에 이집트 노예 생활을 그리워하는 지경까지 이르렀다. 사실 만나와 메추라기는 생존 수단 이상의 의미를 갖는다. '나는 하나님의 도움이 없이는 한순간도 생명을 유지할 수 없는 의존적인 존재'라는 신앙 고백이 담긴 식사인 것이다. 이스라엘은 식사를 하면서 하나님과 자신들의 관계를 끊임없이 기억해야 했다. 그러나 하나님의 호의를 당연하게 여기는 순간, 행복했던 식사는 불행한 시간이 되어 버렸다. 욕심 때문에 하나님과의 관계를 깨버린 것이다.

세상에 당연한 것은 없다. 부모의 주변에서 '엄마니까', '아빠니까' 무조건적으로 헌신하기를 강요하지 않으면 좋겠다. 우리가 당연하게 생각하는 부모의 사랑은 사실 엄청난 수고로 이루어지는 사랑이다. '엄마는 이래야 해', '아빠는 이래야 해' 같은 고정관념을 고착화하는 말들은 그 기준에 도달하지 못하는 사람을 죄인으로 만들기도 한다. 그리고 그 죄책감이 때로는 부모를 무너뜨린다. 부모는 아이의 모든 고통을 자기 책임으로 받아들이는 존재이기 때문이다.

우리는 하나님이 아니다. 우리의 감정에는 한계가 있다. 부모도 아이와의 관계에서 스트레스를 받는다. 아이의 욕심에 아빠 엄마의 마음이 아플 수 있다는 것을 아이들도 분명히 알아야 한다고 생각한다. 물론 결이를 사랑하기에 모든 좋은 것을 다 해주고 싶다. 하지만 그것이 결이가 아무렇게나 행동해도 된다는 뜻은 아니다. 나는 결이가 이것을 알았으면 좋겠다. 자기를 아껴 주는 이들의 호의를 당연하게 여기지 않고, 충분히 감사하며 항상 좋은 관계를 기대하는 사람이 되기를, 자기 탐욕 때문에 관계를 깨트리지 않는 사람이 되기를 기도한다.

8화
【믿음】

굳이 바다에 들어가지 않고
모래놀이만 하다 왔더라도
우리가 함께 시간을 보냈다는 게
중요한거야

계획대로 되지 않아도 함께라면 즐거워

그들은 에돔 땅을 돌아서 가려고, 호르 산에서부터 홍해 길을 따라 나아갔다. 길을 걷는 동안에 백성들은 마음이 몹시 조급하였다. 그래서 백성들은 하나님과 모세를 원망하였다. (민수기 21장 4-5절, 새번역)

🐻

겁도 없는 우리 부부는 결이가 태어난 지 100일도 되기 전에 (정확히는 79일째에) 포천에 있는 산정호수로 나들이를 가기로 했다. 차량 공유 서비스를 이용해서 차를 빌리고, 간식도 사고, 이것저것 준비해서 즐겁게 떠난 나들이였는데, 도착하자마자 결이가 거하게 큰일을 보는 바람에 새로 입힌 꼬까옷과 차 시트에 온통 흔적(?)이 묻어 난리가 나버렸다. 이래저래 정신없이 수습하느라 한참이 지난 후에야 산책길을 나설 수 있었다. 초여름인데 날씨는 벌써부터 더웠고, 얻어 쓰는 유아차는 덜컥거리고, 길은 오르막에 예상하지 못한 일 투성이였다.

지금은 산정호숫가를 따라 둘레길이 잘 조성되어 있지만, 우리가 갔던 때에는 길 사정이 그리 좋지 못해서 결국 가파른 언덕길에서 산책을 포기, 근처 식당에서 비싸고 맛없는 갈비탕을 먹으니 차 반납 시간이 다가와서 우리의 기념비적인 첫 나들이는 어영부영 끝이 나버렸다. 하지만 우리에게 그날이 즐거운 기억으로 남아 있는 이유는 결이가 태어나고 어디 나가본 적이 없는 우리가 더 우울해지기 전에 큰맘 먹고 함께 나온 첫 나들이였기 때문인 것 같다.

이 나들이가 즐겁지 않을 이유는 정말 많았다. 잠깐 빌릴 수밖에 없는 작은 차, 운전이 서툰 남편, 불편한 시트에 허리가 아픈 아내, 칭얼거리는 아들과 그가 남긴 묵직한 흔적, 더운 날씨, 험한 길, 맛없는 밥. 그럼에도 불구하고 나들이가 행복할 수 있었던 이유는 우리가 서로를 위해 모든 것을 참아 주었기 때문이다. 우리가 여행하는 이유는 행복하기 위해서이다. 좋은 숙소, 날씨, 식당과 같은 것들은 행복한 여행에 도움이 되는 부차적인 것이지 그 자체가 목적이 될 수는 없다. 조금 불편하더라도 우리가 함께 모든 순간을 즐길 수 있기 때문에 여행이 즐거운 것이 아닐까.

이스라엘 백성은 지금 마음이 상했다. 이 길로 들어서기 바로 직전에 호르마에서 승리했던 이스라엘은 에서와의 약속을 기억하시고 에돔과 싸우지 않게 하기 위해 먼 길로 돌아가게 하신 하나님의 결정을 이해할 수 없었던 것 같다. 게다가 그 길은 정말 아무도 살지 않는 척박한 곳이어서 사람들은 도저히 참지 못하고 하나님과 모세에게 대들기 시작했다. "어쩌자고 우리를 이집트에서 데리고 나왔습니까?" 하나님께 도와달라고 신음했던 이스라엘을 기껏 이집트에서 꺼내 주었건만, 이제 와서 어쩌려고 이집트에서 데리고 나왔냐니. 내가 하나님 입장이었어도 좀 많이 어이없었을 듯한 장면이다. 그래 뭐, 에돔이 사는 거주지를 정복하면 먹는 문제도 해결될 거고, 이미 잘 갖춰진 도시들도 있을 테니 거기 정착하면 더 좋은 것 아닌가? 어차피 이집트도 탈출했는데 아무 데서나 살면 좀 어떠냔 말이다. 모로가도 이집트만 아니면 됐지!

그러나 바로 그게 문제였다. 하나님이 아브라함, 이삭, 야곱에게 약속한 땅은 그곳이 아니었다. 여행의 최종 목적지는 가나안이다. 그 외에 다른 목적지, 잘 갖춰진 도시, 좋은 길, 농사가 잘되는 땅 등은 이 여행의 궁극적인 목표가 아니었다. 이스라엘은 아직 만족을 얻어선 안 되었던 것이다. 이스라엘은 광야 여행 동안 하나님께서 반드시 자신들을 올바른 목적지로 인도하실 것이라고 신뢰해야 했다. 궁극적으로 하나님과 서로 신뢰하는 관계가 되는 것. 이것이 이집트 탈출 여행의 궁극적인 목적이었다.

나는 너희 중에 행하여 너희의 하나님이 되고 너희는 내 백성이 될 것이니라 (레 26:12, 개역개정)

내가 너희 조상들에게 준 땅에서 너희가 거주하면서 내 백성이 되고 나는 너희 하나님이 되리라 (겔 36:28, 개역개정)

길다면 길고, 짧다면 짧은 우리 인생 나들이의 목적은 무엇일까? 좋은 학교를 나오고, 좋은 직업을 갖고, 좋은 집에 살고, 좋은 경험을 많이 하는 것? 솔직히 그러면 좋을 것 같기는 하다. 그런 것을 가진 사람이 부러울 때가 많은 게 사실이다. 그런데 가만 생각해 보면 그런 것들은 도구이지 목표는 아닌 것 같다. 우리의 목표는 광야 여행처럼 인생 나들이 동안 하나님을 신뢰하는 것, 서로를 신뢰하는 것을 배우는 것이 아닐까. 흔한 말로 '하나님을 사랑하고 서로를 사랑하는 것' 말이다. 이 나들이 기간에 완벽하게 해내지 못할지라도 계속해서 연습하는 것, 그래서 진짜 가나안, 진짜 하나님 나라가 왔을 때 거기에서의 삶이 어색하지 않도록 미리 준비하는 것.

그래서 믿음은 관계다. 하루아침에 만들어지는 것이 아닌, 시간을 들여 함께 쌓아가야 하는 친밀함의 문제라는 이야기이다. 서로에 대한 정보가 많다고 해서 진짜 서로를 '아는' 것은 아닐 테니까.

9화
【여호수아】

모르는 사이에 조금씩,
우리는 확실히 자라고 있다.
그러니 너무 불안해하지 말자

언제 이렇게 컸지?

눈의 아들이며 모세의 젊은 부관인 여호수아는 장막을 떠나지 않았다. (출애굽기 33장 11절, 새번역)

그날 주님께서, 온 이스라엘 백성이 보는 앞에서 여호수아를 위대한 지도자로 세우셨으므로, 그들은, 모세가 살아 있는 동안 모세를 두려워하였던 것처럼, 여호수아를 두려워하였다. (여호수아 4장 14절, 새번역)

🐻

'시나브로'라는 우리말이 있다. '모르는 사이에 조금씩'이라는 뜻인데, 단어가 주는 느낌과 발음할 때 한 글자 한 글자 씹히는 맛이 좋아서 기억에 남는 단어다. 아이가 크는 것을 표현할 때 이 단어처럼 잘 어울리는 말이 있을까! 눈도 잘 못 뜨던 꼬맹이가 어느 날 꼬물꼬물 기어 다니더니, 어느새 우다다다 뛰어다니면서 온갖 장난을 치고 다닌다니. 하루가 다르게 커가는 결이를 보면서 가끔은 '그만 커라' 하고 생각해 버릴 때가 있다. 지금 이 순간을 놓치는 것이 너무 아까워서, 빨리 커버리는 것이 아쉬워서 말이다.

아이는 겉모습만 크는 게 아니다. 어느 날은 결이가 차에서 너무 쫑알쫑알 시끄럽게 굴어서 "조용히 좀 해!" 하고 큰소리로 혼을 내었다. 새초롬해진 결이는 뚱하니 있다가 우리가 이야기를 시작하자 이렇게 말하는 것 아닌가? "그런데 엄마 아빠는 왜 조용히 안 해?" 처음엔 어이가 없어 웃었지만 나름 이치에 맞는 말이어서 한참을 웃었던 기억이 있다. 결이는 주변 사람들이 하는 이야기를 가만히 들었다가 마음에 드는 표현이 있으면 기억해 두고 필요할 때 쓰곤 한다. 한참 떠들다가 갑자기 조용히 집중하고 있으면 거의 그러는 중이다. 결이는 새로운 단어, 표현, 뜻 배우는 것을 좋아한다.

아이는 마음도 함께 자란다. 어린이집에 결이를 계속 물고 귀찮게 하는 아이가 있었는데, 어머니가 우리말이 서툰 이주 여성분이셔서 말이 좀 늦다 보니 답답한 상황에서 행동이 먼저 나가는 아이였다. 아이는 결이가 갖고 노는 장난감을 뺏으려다 꼭 물어서 상처를 남기곤 했다. 결국 결이가 싫어하는 아이 1순위 등극. 나는 그 아이가 다문화 가정의 아이어서라기보다는 결이가 사람을 받아 주는 아이가 되면 좋겠다는 마음에 결이에게 그 아이를 잘 대해주라고 여러모로 이야기를 해 주었다. 아내는 결이에게 "엄마는 결이가 ○○이를 받아 줬으면 좋겠어. 근데 억지로는 하지 말고 결이가 마음이 다 풀리면 그렇게 해"라고 말해 주었다고 한다.

그런데 다음 날 어린이집 알림장에 결이가 그 아이에게 "나 이제 마음이 다 풀려서 ○○이가 좋아"라고 말해 주었다는 것이 아닌가! (아빠는 여기서 또 주책맞게 울컥했다는 건 비밀) 물론 잘 모르고 했을 가능성이 크지만, 어른도 하기 힘든 사람을 받아 주는 일을 결이가 멋지게 해낸 것을 보고 적잖이 감동을 받았었다.

🐼

출애굽기 33장 11절에서 여호수아를 가리키는 단어 '젊은'의 원어는 아주 어린 아이로부터 청년에 이르기까지 폭넓게 쓰이는 단어이다. 옛 우리말 '어리다'처럼 이 단어도 성경 곳곳에서 성인에 미치지 못하는 아이나 젊은이, 또는 그런 상태를 나타낼 때 쓰인다. 성경에 여호수아가 처음 등장하는 장면에서 그는 모세를 따르는 일종의 하인과 같은 모습으로 등장한다. 그런데 그 어린 친구가 본격적으로 가나안에 들어갈 즈음에는 당당한 지도자가 되어 있는 것을 볼 수 있다. 이런 본문을 보면 우리는 종종 '여호수아처럼 성장하는 법'이나 '다니엘처럼 사는 법' 같은, 어떤 일상의 비법을 찾아내려고 한다. 그러나 성경은 그가 어떻게 성장했는지에 대해 말해 주지 않는다. 아니, 어떻게 보면 오히려 관심이 없어 보인다. 여호수아 4장 14절은 그냥 '하나님이 세우셨다'라고 덤덤하게 이야기할 뿐이다.

복음서에서 예수님은 '하나님의 나라'를 비유로 말씀하실 때 '겨자씨'나 '누룩'으로 비유하시면서 너무나 작고 보잘것없는 씨와 누룩이 어느새 새들이 쉬어 갈 큰 나무가 되고, 부풀어 오르는 반죽이 되는 것을 이야기하신다. 여기서도 마찬가지로 성경은 어떻게 하면 큰 나무, 큰 반죽을 만들 수 있는지에 대해 말하지 않는다. 그냥 하나님 나라가 가진 특징이 '아무도 알아채지 못하는 사이 우리에게 들어와 크고 강력하게 자리 잡아가는 것'임을 이야기할 뿐이다. '하나님 나라를 세워가는 그분의 비법, 특별 40일 완성' 같은 것은 없다. 하나님 나라는, 또 그분의 사람들은 아무도 모르는 사이에 성장하는 것이다. 그냥 그런 것이다.

 아이를 키우다 보면 종종 주변에서 애가 걷는 게 느린지 빠른지, 말을 하는지 못하는지, 글을 읽는지 못 읽는지, 아이 성장 주차에 따른 성장 진도를 확인하곤 한다. 주변뿐 아니라 각종 매체에서도 불안을 조장하는 마케팅에 앞장선다. 그뿐일까? 교회에서도 각종 성경 인물들을 가지고 학습법이나 성장법에 대해 코칭하기도 한다. 그 속에서 부모들은 '혹시 우리 애가 또래보다 뒤처지는 것은 아닌가?' 하고 불안한 마음을 갖게 된다. 우리 아이가 사회의 흐름 속에서 뒤처지거나 벗어나지 않기를 바라기 때문이다.

 어쩌면 우리는 조금 더 용감해질 필요가 있지 않을까? 아이의 성장을 위해 아무것도 하지 말자는 뜻이 아니다. 부모로서 맡겨진 책임을 다하고, 마음을 다해 자녀를 보살펴야 한다. 다만 두려움으로 부모를 흔드는 모든 이야기에 쉽게 넘어가지 말자는 거다. 때가 되면 아이는 걷고 말하고 읽고 쓰게 될 것이고, 친구를 사귀고 취향도 생길 것이며, 학교에도 가고 진로를 고민하는 때가 올 것이다. 시간이 지나 뒤돌아볼 때 그 시절 그렇게 걱정했던 것이 아무것도 아니었음을 깨닫는 날이 올지도 모른다. 결이를 키우면서 점점 느끼는 것은 아이 키우는 데 100퍼센트 딱 맞는 방법은 없다는 것이다. 나는 그저 결이와 사람 대 사람으로 부딪히고 마음을 나누면서 가능한 최선을 다해 모든 것을 돕고 싶을 뿐이다. 그리고 어느 때, 어느 순간 잠시 멈춰 서서 결이를 키워 가시는 하나님의 손길에 이렇게 감탄하고 있지 않을까? "언제 이렇게 컸지?"

10화

【가르침】

하나님은 때로 사람의 손을 입고
찾아오기도 하시지

넌 혼자가 아니야

하나님께서 나에게 싸우는 법을 가르쳐 주시니, 나의 팔이 놋쇠로 된 강한 활을 당긴다. (시편 18장 34절, 새번역)

결이는 사람을 참 좋아한다. 공원에서 형들이 자기들끼리 노느라 끼워 주지 않아도 뭐가 그리 좋은지 그 옆을 계속 얼쩡얼쩡 쫓아다닌다. 한번은 형들이 결이랑 놀아 주기는커녕 이름으로 놀리는 모습을 보고 참다못한 엄마가 놀이터에서 그냥 결이를 데리고 나와 버렸다. 당연히 결이는 더 놀 거라며 대성통곡. 다 울 때까지 기다리고 난 뒤, 엄마는 결이에게 이렇게 말해 주었다. "너를 함부로 대하는 사람과는 놀지 마. 먼저 놀자고 할 수 있고 거절할 수도 있지만, 놀리고 싫다고 하는 친구랑은 그냥 혼자 있더라도 놀지 마"라고. 결이는 워낙에 들이대길 좋아하고, 거절당하는 것도 겁내지 않는 성격이라 엄마는 진작부터 이 이야기를 해주고 싶었다고 한다. "너를 싫어하는 애들을 따라다니지 마."

엉엉 울고, 엄마한테 한 소리 듣고. 더운 날씨에 둘 다 마음이 상하고 진이 빠진 채로 터덜터덜 집에 돌아오는 길, 엘리베이터에서 동갑인 여자아이를 만났다고 한다. 그런데 땀을 뻘뻘 흘리는 결이를 보고 그 친구가 아이스크림을 주었다는 것이 아닌가? 엄마는 "봐, 너한테 이렇게 잘 해 주는 친구도 있잖아"라고 말해 주었다고 한다. 마치 그분의 위로와도 같은 아이스크림! (주님은 어쩜 이리도 타이밍 좋게 보내셨을까?) 맞다. 너에게 함부로 대하는 친구, 거절하는 친구에게 억지로 매달릴 필요가 없다. 그런 친구들은 가만히 놓아 보내면 된다. 결이가 모두와 친하게 지내느라 자기를 상처 주는 대신, 함께할 수 있는 좋은 사람을 알아보는 법을 배웠으면 좋겠다.

나의 20대는 '공백'이었다. 군 제대 후 신학을 해야겠다는 생각은 있었지만, 딱히 어떤 계획이나 확신도 없었고 무언가 의욕적으로 시작하기에는 마음의 체력이 많이 부족한 상태였다. 주변과의 비교의식, 거기서 오는 패배감과 허무함, 그리고 다시 쳇바퀴처럼 굴러가는 생활 속에서 헤매고 있을 때 몸담고 있던 선교단체의 예배 중 이 노래를 알게 되었다.

> 우리 주만 참 하나님 우리 하나님만이 참 반석
> 요새와 방패 구원의 망대가 되시네 주 의지하는 자에게
> 우리 주만 참 하나님 우리 하나님만이 참 반석
> 내 손을 가르쳐 싸워서 이기게 하시네 그 이름 찬양 영원히
> 〈우리 주만 참 하나님, 린 데샤조 작〉

누구도 나를 도와줄 수 없고, 혼자 힘으로 해내야 한다고 아등바등 살아가던 내게 '하나님이 나를 가르쳐 싸우게 하신다'는 가사는 큰 울림으로 다가왔다. 하나님이 나를 가르치고 계셨다니. 이 노래를 부르기 전까지는 모르고 있었지만 생각해 보니 내 주변에는 정말 좋은 사람들이 많이 있었다. 나에게 기회를 주는 사람, 나를 응원하고 지지해 주는 사람, 맛있는 밥을 사주는 사람, 내 장점을 알아봐 주는 사람, 때로는 따끔하게 혼내 주는 사람, 슬플 때 함께 있어 주는 사람, 함께 밤새우며 이야기를 나눌 수 있는 사람. 하

나님은 내 주변에 있는 다양한 사람들을 통해서 나를 가르치고 계셨던 것이었다.

우리 아들이 세상에서 제일 먼저 만나는 사람은 바로 아빠와 엄마다. 우리는 아이에게 삶을 가르치는 첫 번째 선생님이다. 우리는 아이가 처음 만나는 친구에게 다가가기 부끄러워할 때 한번 말 걸어 보라고 손에 간식을 쥐여 주며 다녀오라 등을 밀어 주고, 그네 타는 걸 무서워하는 아이와 함께 그네에 오르고, 울며 돌아올 때 가만히 안아 주고, 무언가 잘못했을 때 혼내 주고, 좋은 놀이상대가 되어 주며, 블록을 찾아줄 수도 있다. 때로는 아이가 느끼는 여러 부딪힘과 감정들이 무엇인지 몰라 어려워할 때, 어떻게 대하는 것이 건강한 것인지를 가만히 알려 주기도 할 것이다. 아이가 겪을 거의 모든 '처음'을 함께하는 선생님. 아이의 손을 가르쳐 세상과 싸워 나가도록 돕는 하나님의 심부름꾼. 그것이 부모가 아닐까. 그래서 나는 결이의 영원한 친구이자 선생님이고 싶다.

11화
【밥상】

아무런 사고 없이 집으로 돌아와
온 가족이 한자리에 모여
'밥상'으로
하루를 마무리할 수 있기를
기도한다

하나님이 차려 주시는 든든한 집밥

주님께서는, 내 원수들이 보는 앞에서 내게 잔칫상을 차려 주시고…. (시편 23장 5절, 새번역)

2015년 결이네 시상식. "너희만 시상식 하냐? 우리도 한다!"라며 낮에 장 볼 때 사둔 홈웨어를 상품으로 가정부 장관님께서 시상식을 거행하셨다. 초대 가수도, 화려한 조명이나 음향도 없는 우리 집 마루에서 한 시상식이지만 정말 뜻깊은 시간이었다. 결이와 맞이하는 첫 연말, '수고했다'며 서로를 격려하는 시간이었다.

당시 나는 교회 파트 사역과 주중 아르바이트를 하며 취업을 준비하고 있었고, 아내는 피아노 학원으로 출근을, 결이는 요로감염 이후 감기를 달고 사는 중…. 아무튼 각자 아등바등 삶을 살아 내고 있었다. 아, 더 추워지기 전에 조금 더 따뜻한 집으로 이사도 했더랬다. 이사를 마치고, 짐을 정리하고, 창틀 곳곳에 문풍지를 붙이고, 곳곳을 깨끗하게 청소하고, 가족사진을 인화해서 벽에 붙이는 등 우리가 사는 공간이 그저 빌려 사는 공간으로 끝나지 않도록 곳곳에 우리 손길을 묻혀 두었다. 지난 2년간 옛집에서 우리의 이야기를 채워 간 것처럼 이곳 새집에서도 우리의 이야기를 채워 가려고 한다.

다시 2015년 결이네 시상식. 그런데 수상 이유가 수상하다. '1년 동안 집안의 모든 잡일을 마음과 육체를 다해 불평불만 없이 해서', '1년 동안 우유와 이유식을 빠짐없이 먹으며 건강을 유지하고 열심히 커서', '워킹맘으로서 고단한 몸과 마음을 일으켜 가족을 먹였기에.' 우리는 각자 하던 일을 별생각 없이 했을 뿐인데 그걸 가지고 상을 준다니 참 이상하기도 하다. 국어사전은 '상'이란 '뛰어난 업적이나 잘한 행위를 칭찬하기 위하여 주는 증서나 돈이나 값어치 있는 물건'이라고 설명하고 있다. 평범한 일상을 반복하는 것만으로는 상을 받을 수 없다는 말이다. 하지만 평범하기가 쉽지 않다는 건 인생을 조금만 살아보면 쉽게 깨달을 수 있다. '사고'라는 변수가 우리 삶에 끼어들기 때문이다.

대부분의 기독교인은 기적에 우호적이다. 아니, 오히려 내심 기적을 간절히 바란다. 하지만 기적이 필요한 상황은 평범한 방법으로는 절대 해결할 수 없는 어려운 상황이라는 말이다. 즉 기적은 사고를 필요로 한다. 만나는 광야라는 사고 속에서 필요한 기적이었고, 유두고를 살린 사건은 그가 창가에서 떨어져 죽은 사고 때문에 일어났다. 비를 부른 엘리야의 기적은 엄청난 기근 속에 일어났고, 성전 문 앞에 앉아 있던 장애인을 일으킨 기적은 그가 태어나서부터 얻은 장애라는 어려움 위에 일어난 것이다.

흔히 우리는 '기적이 일상이 되는 믿음'이라거나 '기적, 신유를 위한 집회'라는 구호처럼, 기독교를 기적을 당연하게 생각하는 종교로 소개한다. 그리고 그 증거로 앞서 말한 것과 같은 여러 성경 구절과 이야기들을 제시한다. 그러나 성경에 기록된 시간을 일 단위로 환산해서 기적이 일어난 날과 일어나지 않은 날을 구분해 본다면 당연히 기적이 일어나지 않은 날이 훨씬 더 많을 것이다. 기적은 일상이 아니다. 만약 누가 내 삶을 기적이 넘치는 삶이 되게 해준다고 하면 나는 그 사람에게 욕을 한 바가지 해줄 것이다. 왜

냐하면 그 말이 내게는 삶에 사고가 끊이지 않게 해주겠다는 말로 들리기 때문이다.

시편 23편 5절의 '원수의 목전에서 차려주시는 상'은 다름 아닌 '밥상'이다. 이 시의 시인은 다윗으로 알려져 있는데 알다시피 그는 왕이 되기 전에도, 왕이 된 후에도 수많은 적에 둘러싸여 살던 사람이었다. 심지어 사울에게 쫓겨 가드 왕 아기스에게 의지하려 했던 때에는 죽을 뻔한 사고를 넘기기 위해서 일부러 사람들 앞에서 발작을 일으키는 등 정신병을 연기하기도 했었다. 어린 시절 난생 처음 보는 한 예언자의 신탁 때문에 왕위 싸움에 휘말려 원하지도 않는 도피 생활을 반복하는 상황 속에서, 다윗은 언젠가 이뤄질 자신의 대관식 잔칫상을 바라보고 있다. 자기를 반대하고 괴롭히는 반대자들, 원수들이 가득 찬 자리에서 하나님이 직접 잔칫상을 차려 주시는 그런 상황 말이다. 평범한 일상이 언젠가 다시 회복될 것을 믿으면서.

밥상은 가족이라면 조건 없이 받는 상이다. "일하기 싫어하거든 먹지도 말게 하라"(살후 3:10)는 바울 형님의 무시무시한 말이 떠오르기도 하지만, 우리는 대개 하루의 마무리에 밥상을 선물로 받는다. 온 가족이 함께 모여 먹든, 아니면 혼자 먹든, 잘 차려진 정찬을 먹든, 택배 배달 중 차 안에서 때우든, 보양식을 먹든, 소화가 어려워 링거로 영양을 공급받든….

우리에게 주어지는 밥상은 그날 하루의 삶을 그래도 잘 살았다는 하나님의 인정이라는 생각이 든다. 이 밥상을 받는 모든 사람은 다 하나님의 가족이다. 하나님은 우리에게 손수 밥상을 차려 주시며(물론 사람의 손으로. 그래서 식탁을 준비하는 사람은 하나님의 천사가 아닐까 싶다), 우리가 밥상을 통해 다윗이 보았던 시야를 보기 원하시는 것 같다. 그래서 나는 매일 먹는 밥상을 보며, 고된 일상과 절망적인 상황에 내가 포기하고 무너지길 기다리는 대적들 앞에서 밥 한 끼를 먹이시며 포기하지 말라고 등을 떠밀어 주시는 그분의 손길을 보려고 애쓴다! (가만히 있다고 보이는 것이 아니다!)

그러므로 회복될 일상을 바라보며, 맛있게 밥상을 받자. 다사다난했던 한 해를 버티고 치러진 결이네 시상식처럼 언젠가 그분의 시상식이 열릴 테니깐.

12화

【환대】

서로에게 매인다는 건 생각보다 더
멋진 일이야

네 덕분에 산다 정말

가난하고 힘없는 사람을 돌보는 사람은 복이 있다. 재난이 닥칠 때에 주님께서 그를 구해 주신다. (시편 41장 1절, 새번역)

🐻

　사람 일이라는 게 다 그렇겠지만 가끔씩 안 좋은 일이 겹쳐 일어나는 경우가 있다. 어느 날은 의정부에서 강남, 파주에 이어 부천을 찍고 성남으로 넘어가서 하루 일정을 마치고 집에 들어가니 밥때를 훨씬 넘긴 시간이었다. 내 일은 아니지만 회사가 급하다니 퇴근 시간을 꽤 넘겨서까지 일을 하긴 했는데, 일을 마치고 돌아가는 길 기분이 썩 좋지는 않았다. 하루 일과를 잘 마쳤다는 보람보다는 하지 않았어도 될 일을 억지로 넘겨받은 데 대한 억울함과 가족과 함께 하루를 마무리하는 식사시간을 빼앗겼다는 데 화가 남았다. 주로 안 좋은 쪽으로 생각이 향하는 성격이기 때문에 이럴 때면 머릿속에서 온갖 잡생각이 들끓다가 결국 '내가 뭘 하려고 이렇게 살고 있지?'라는 허무한 질문으로 끝이 난다. 게다가 집에 돌아갔는데 집안일이 쌓였다든지, 결이가 말썽을 부린다든지, 아내와 싸우기라도 하면 '내가 누굴 위해 이 고생을 하는데!'라는 생각이 폭발하고 만다.

그날도 지친 몸으로 집에 들어와 씻지도 않고, 마루에 깔린 매트에 엎드린 채 놀고 있는 결이에게 "아빠 너무 힘들어~"라고 말했다. 그랬더니 아빠가 불쌍해 보였는지 놀다 말고 내 머리를 쓰다듬어 주었다. 그런데 그 고사리손에 마음속에 있던 억울함과 분노와 괴로움이 씻겨 내리는 것 같았다. 물론 결이는 잠시 쓰다듬어 주고는 바로 돌아서서 계속 장난감을 가지고 놀았지만, 그 손길은 내게 큰 위로가 되었다. (너무 감동받아서 자랑을 안 할 수가 없었다. 팔불출 아빠….)

결이가 내 덕에 산다고 생각했는데 알고 보니 결이 덕에 내가 그나마 버티며 살고 있었다. 아빠 엄마가 없으면 먹지도 못하고, 생리 현상도 처리 못하는 이 작고 약한 존재가 나의 위로, 삶의 에너지, 버틸 수 있는 용기가 되어 주고 있었다. 맞다. 결이야, 네 덕분에 산다 정말.

신명기 15장은 이 땅에서 가난한 사람이 없어지지 않을 것이기에 공동체 안의 가난한 사람들을 도와야 하며, 그 선행으로 인해 공동체가 복을 받을 것이라고 이야기하고 있다. 하나님은 가난한 사람, 고아와 과부, 나그네로 대표되는 약한 사람들을 향해 많은 관심을 기울이신다. 그리고 그 이유에 대해 '너희도 이집트에서 약자였기 때문'이라고 말씀하신다.

이것을 가장 잘 보여 주는 성경은 룻기이다. 룻기를 요약할 수 있는 단어 하나를 고르라면 1장 8절에 나오는 '선대'라고 할 수 있다. 이 단어는 히브리어로 '헤세드', 영어로는 'unfailing love' 또는 'steadfast love'로 번역된다. '실패하지 않는 사랑', '변함없는 사랑'이라고 할 수 있겠다. 룻기 3장 10절에는 룻이 보아스에게 보인 헤세드 때문에 하나님께서 룻에게 복을 주기 원하신다는 표현이 나온다. 우리가 다른 사람을 선대하는 것이 주님께 복을 받는 이유가 된다는 것일까?

룻과 보아스는 어떻게 서로를 선대했을까? 먼저 보아스는 룻의 선대가 '젊은 사람을 선택하지 않은 것'이라고 말한다. 여기서 젊은 사람은 결혼하지 않은 청년을 의미한다. 어쩌면 보아스는 결혼에 실패한 사람이었는지도 모른다. 그와 아내는 어떤 이유 때문인지는 몰라도 이별했을 것이고, 자녀도 없었던 것으로 보인다. 당시 유산을 상속할 아들을 낳는 것은 지금과는 다르게 문화적으로 아주 중요한 일이었다. 그러나 보아스는 아마도 나이가 많아 아이를 갖기 어렵다고 생각했을지도 모른다.

한편, 룻은 조상의 땅을 되찾아 집안을 일으켜야만 했다(이것을 '기업무르기'라고 한다). 이것은 단순히 결혼만 해서 되는 것이 아니었다. 반드시 아들을 낳아야만 잃어버린 땅의 소유권을 주장할 수 있었다. 룻은 다른 사람이 아닌 나이가 많은 보아스에게 기회를 주었다. 이것이 바로 룻이 보아스에게 보여준 선대였다. 룻은 이스라엘 사회에서 두 가지 사회적 장벽에 가로막혀 있었는데, 첫째는 이방인 여자라는 것, 둘째는 결혼했던 여자라는 것이다. 이방인과 과부는 율법과 사회 분위기상 절대로 결혼해선 안 되는 사람이었다. 하지만 보아스는 사회적 편견을 깨고 룻에게 기회를 줬다. 보아스는 이렇게 룻을 선대했다. 서로의 목적과 이익을 생각한다면 선택하지 않았을 사람을, 서로의 약점에도 불구하고 사랑한 것이다.

이 두 사람의 재혼 이야기는 무슨 의미를 가질까? 룻기는 성경에서 상당히 재미있는 위치에 자리하는데, 끝을 모르고 암울해져 가는 사사기와 다윗을 통해 이스라엘이 세워지는 희망적인 사무엘서 사이에 위치한다. 또 룻기의 결말은 보아스와 룻이 오벳을 낳는 이야기로 행복하게 마무리되는데, 놀랍게도 저자는 오벳이 다윗의 할아버지라고 밝히며 글을 마무리한다. 한 시골 마을에서 서로가 서로에게 보여준 이 작은 선대가 이스라엘을 향한 하나님의 놀라운 복, 다 망한 것처럼 보이는 이스라엘에 기회를 주시는 하나님의 구원과 연결되어 있는 것이다. 선대는 이스라엘 전체를 살리는 이야기의 시작이었다. 아무도 신경 쓰지 않고 놓아둔 작은 일로부터 누구도 상상하지 못한 놀라운 일을 일으키시는 것이 하나님께서 일하시는 방식이다.

하나님은 평등하실까? 우리는 하나님이라면 누구나 평등하게 사랑하셔야 한다고 생각한다. 하지만 하나님은 중립을 지키시는 분이 아니시다. 성경 곳곳에서 분명하게 약한 사람들을 향한 관심을 강하게 보여주시면서, 자기 백성들은 서로가 서로를 아끼고 사랑해야 한다고 말씀하신다.

우리 중에 있는 약한 사람에게 건네는 선대는 어떤 형태로든 우리 모두의 복으로 돌아올 것이다. 누군가에게 기회를 주었다면 언젠가 그 기회를 받을 것이라고 믿는다. 하나님은 우리가 서로의 도움으로 살아가고 있다는 것을 깨닫기 바라신다. 우리 가운데 있는 약한 사람은 하나님이 주시는 살아 있는 메시지와도 같다. 그날 생각지도 못한 결이의 손길에 큰 위로를 받았던 것처럼, 우리가 지켜주는 존재들이 우리를 지켜주고 있다. 내 힘으로만 사는 것이 아니라 서로의 힘으로 산다. 고맙다, 아들. 고맙습니다, 여러분.

13화
【이방인】

조건 없이 우리를 부르신 분이
서로를 조건 없이 받으라 하시네

모두 다 꽃이야

어둠 속에서 고통받던 백성에게서 어둠이 걷힐 날이 온다. 옛적에는 주님께서 스불론 땅과 납달리 땅으로 멸시를 받게 버려두셨으나, 그 뒤로는 주님께서 서쪽 지중해로부터 요단 강 동쪽 지역에 이르기까지, 그리고 이방 사람이 살고 있는 갈릴리 지역까지, 이 모든 지역을 영화롭게 하실 것이다. (이사야 9장 1절, 새번역)

이것은 예언자 이사야를 시켜서 하신 말씀을 이루시려는 것이었다. "스불론과 납달리 땅, 요단 강 건너편, 바다로 가는 길목, 이방 사람들의 갈릴리, 어둠에 앉아 있는 백성이 큰 빛을 보았고, 그늘진 죽음의 땅에 앉은 사람들에게 빛이 비치었다." (마태복음 4장 14 - 16절, 새번역)

결이가 다니던 어린이집이 폐원을 결정했다. 집에서 가깝고 공립이라 좋았는데 주변이 재건축을 하게 되면서 어쩔 수 없이 문을 닫게 되어 버린 것이다. 졸지에 결이는 이 어린이집의 마지막 졸업생이 되어 버렸다. 폐원을 준비하면서 발표회를 하기로 했단다. (아이들이 발표회를 준비하면서 너무 잘하려고 하면 오히려 스트레스가 되고, 선생님들도 업무가 가중되어서 원래는 하지 않았다고 한다.) 결이는 발표회 준비가 너무 신났는지 어린이집 갈 때마다 싱글벙글. 조금만 보여 달라고 해도 절대 안 된다면서, 선생님이 꼭 그 날 와서 보라고 했다고 안 보여 준다. 그래, 뭘 그렇게 준비했나 한번 보자!

1월의 추운 어느 날, 좁은 강당에 옹기종기 모여 앉아 아이들의 발표회를 기다리고 있는 부모님들 사이에 우리 가족도 함께 있었다. 내심 까불이 결이가 장난치느라 순서를 망치지는 않을지 걱정하고 있었는데, 걱정과는 달리 매우 진지한 태도로 퍼포먼스와 율동, 노래를 보여 주는 것이 아닌가! 어느새 이렇게 커서 말도 다 알아듣고 율동도 할 수 있게 되었는지 가슴 한편이 찡하고 울리는 느낌이었다. 결이는 앞에 서서 예쁜 옷을 입고 율동하는 것이 즐거웠는지 또 하고 싶다고 난리 난리다. 정말 행복하고 따뜻한 시간이었다.

모든 순서가 마무리되어 갈 즈음, 배경음악으로 '모두

다 꽃이야'라는 노래가 흘러나왔다. '어디에 피어도, 언제 피어도, 어떤 모습으로 피어도 꽃'이라는 내용의 가사가 내 마음을 건드렸다. 결이가 다니는 어린이집은 다문화 가정, 특히 이주 여성의 아이들이 많이 다니고 있었다. 그날도 여러 외국인 엄마들이 함께 자리했다. 이주 여성과 아이들에 대한 따돌림과 같은 문제들이 떠올라 걱정이 되기도 했지만, 엄마들이 서로 이야기 나누고 스스럼없는 모습을 보며 안심이 되었다. 그런데 이렇게 좋은 어린이집이 문을 닫으면 이 엄마와 아이들은 어느 어린이집에 가야 할까? 여러 생각이 떠올랐다. 그래서인지 즐거운 발표회였지만 돌아오는 발걸음이 조금 무겁게 느껴졌다. 우리는 진짜 모두 다 꽃일까. 겉모습과 상관없이 서로를 꽃으로 받아들이고 있을까.

🐻

하나님께서 지구를 만드시고 사람을 두셨을 때 주신 명령은 '땅에 충만하고 땅을 다스리라'는 것이었다. 우리는 '보시기에 좋았다'라는 말을 오해해서 에덴이라는 장소에서 창조가 완전히 마무리된 것으로 생각한다. 그러나 하나님은 이 지구라는 행성 전체가 에덴, 즉 하나님의 다스림이 충만하게 되는 그림을 생각하고 계셨고 그 실행자로 사람을 선택하셨다. 우리가 잘 알고 있듯이 사람의 불순종으로 인해 이 프로젝트는 잠시 멈추었었지만, 아브라함, 이삭, 야곱과 같은 족장들을 통해서, 그리고 이스라엘 백성을 통해서 하나님의 '에덴 프로젝트'는 계속되고 있었다.

이스라엘은 '에덴 프로젝트'의 실행자로서 하나님의 다스림을 온 이방 나라에 전해야 하는 막중한 임무를 부여 받았다. 하지만 이스라엘은 '선택받은 민족'이라는 타이틀에 집착한 나머지 이 복이 다른 나라들로 퍼져 가는 것을 원치 않았다. 우리만 하나님이 선택하셨다는 착각 속에 결국 하나님이 왜 그들을 선택했는지는 까맣게 잊어버린 채로, 이스라엘은 그들이 멸시하던 이방 민족과 함께 멸망의 길을 걷게 된다.

이스라엘만 꽃이 아니었다. 스불론과 납달리 땅, 지정학적으로 외적의 침입을 가장 먼저 받는 북쪽 끝, 싸움과 분쟁이 끊이지 않는 외진 곳에 사는 소외된 이들도 꽃이라고 말씀하신다. 서쪽 해변가의 무역하는 이방인, 동쪽 모압, 암몬 사람들과 섞여 지내던, 그래서 순수하지 않다고 손가

락질을 받던 사람들도 꽃이고, 갈릴리 지방의 이방인들도 꽃이었다. 하나님은 이사야의 예언 속에서 이 모든 사람들이 자신의 다스림을 받는 백성으로 회복될 것을 약속하셨다. 그리고 그 약속은 마태복음에서 이사야의 예언을 정확히 언급하면서 이루어진다. 예수님이 오셔서 이 '에덴 프로젝트'를 제대로 시작하신 것이다. 예수님의 십자가 죽음과 부활 앞에 유대인과 이방인의 구분은 더 이상 의미가 없어졌다. 이제 정말로 '모두 다 꽃'이 된 것이다. 구원을 이렇게 표현할 수도 있지 않을까?

곰곰이 생각해 보았다. '나도 꽃일까?' 하나님이 우리 모두를 꽃이라고 하셨지만 우리는 꽃으로 인정받기 위해 수많은 조건을 만들고 있지는 않은지, 교회라는 꽃밭이 오히려 더 배타적이고 까다로운 건 아닌지 생각해 보게 된다. 때때로 우리는 내가 꽃이라는 사실을 증명하기 위해 다른 사람을 공격하거나 비하하기도 한다. 다른 사람을 미워함으로써 내 정체성을 지킨다면 그것만큼 비극적인 일이 또 어디 있을까.

무대에 선 아이들에게 야유를 보내는 부모는 없다. 마찬가지로 하나님도 삶이라는 무대에 선 우리 모두를 격려하고 응원하시리라 믿는다. 하나님의 꽃밭에 혼자 핀 꽃은 없다. 믿기지 않겠지만 나와 당신은 모두 꽃이다. 우리는 모두 꽃이다. 십자가 안에서 아무 조건 없이 꽃이 되었다. 그러니 우리도 다른 사람들에게 꽃이 되기 위한 조건을 걸 필요가 없지 않을까? 차별은 그분의 꽃밭에는 도무지 있을 수 없는 말이기에.

14화

【성탄】

이천 년 전 이야기에 너와 내가
공감할 수 있다는 것,
그건 정말 기적 같은 일이라고
생각해

기다림, 밑바닥, 찾아옴

주의 크고 두려운 날이 이르기 전에, 내가 너희에게 엘리야 예언자를 보내겠다. 그가 아버지의 마음을 자녀에게로 돌이키고, 자녀의 마음을 아버지에게로 돌이킬 것이다. 돌이키지 아니하면, 내가 가서 이 땅에 저주를 내리겠다. (말라기 4장 5-6절, 새번역)

천사가 그들에게 말하였다. "두려워하지 말아라. 나는 온 백성에게 큰 기쁨이 될 소식을 너희에게 전하여 준다. 오늘 다윗의 동네에서 너희에게 구주가 나셨으니, 그는 곧 그리스도 주님이시다." (누가복음 2장 10-11절, 새번역)

🐼

결이가 세 살 때쯤이었던가? 하루 한 장 스티커와 색칠 공부로 성경 놀이 시간을 가졌던 적이 있다. 그 시간에 있었던 대화다.

아빠   결이야, 예수님이 결이를 위해 이 땅에 오셨대.

예수님은 궁전에 오셨을까, 가난한 집에 오셨을까?

결이 응… 궁전!

아빠 (진지) 아니야. 예수님은 가장 가난하고 낮고 천한 자리에 오셨어. 호텔에 다 자리가 없어서 동물들이 자는 마구간에서 태어나셨거든. 예수님은 약하고 힘없는 사람들의 친구로 오셨어. 힘센 사람들이 다스리는 로마 나라에서 예수님은… (어쩌구저쩌구)

결이 … (에휴, 색칠이나 하자.)

(잠시 후)

결이 엄마! 아빠가 하나님의 아들이 왔대!

엄마 하나님의 아들이 누구야?

결이 어, 어, 하, 하…

엄마 하나님의 아들은 하씨니…?

… 왠지 결이가 점점 성경에 흥미를 잃어가는 것 같은 건 아빠의 착각일까.

성경 이야기라면 며칠 밤낮이라도 얼마든지 할 수 있지만 아이의 시선으로 성경을 이야기하는 것은 정말 어려운 일인 것 같다. 사실 성경은 어른들에게도 어렵기는 매한가지이다. 성경을 이해하기 어려운 이유는 무엇일까? 번역의 문제도 있겠지만 가장 큰 이유는 성경이 말하는 시대와 지금 우리가 사는 시대 사이의 아주 먼 시간적, 문화적 차이 때문인 것 같다. 우리가 보기에도 성경은 모르는 것 투성이인데 온 세상이 다 질문거리인 결이는 오죽할까. 아주 가끔 잠자리에 누워 성경 이야기를 해줄 때가 있는데 단어를 설명하기에도 시간이 모자라다. 마구간이 뭔지, 몰약이며 유향은 뭔지, 광야가 뭔지, 세례가 뭔지, 요단강은 어디에 있는지, 회개는 무엇인지…. 이렇게 복음서 첫 장을 말해 주는 데만도 며칠 밤이 걸리곤 했다.

나는 결이가 성경을 만나는 방식이 억지스럽지 않았으면 한다. 매우 열정적인 신앙 전통을 가진 교회에서 신앙생활을 했던지라 아주 어릴 때부터 새벽 예배를 비롯한 각종 예배를 억지로 참석했고, 그로 인한 부작용을 경험한 탓인 것 같다. 물론 그 시간이 지금의 나를 있게 한 것은 틀림없지만 결이에게는 복음의 이야기가 보다 더 기대감으로 다가오기를 바라고 있다. 침대에서 눈을 초롱초롱 반짝이며 내 얘기를 기대하던 결이의 모습을 기억한다. 아무렇게나 지어낸 이야기를 집중해서 들으며 계속 이야기를 해달라고 조르던 모습, 나중에는 자기가 스스로 이야기를 만들어 (물론 아빠 이야기의 표절이지만!) 내게 들려주는 모습을 보면서 성경이란 이렇게 읽혀야 하지 않을까 하고 생각했었다. 왜냐하면 성경은 '이야기'이기 때문이다.

이집트에서 구원을 기다리던 사람들, 바벨론에서 약속의 땅으로 돌아가길 기다리던 사람들, 로마의 식민 지배에서 구원자를 기다리던 사람들은 하나님의 이야기에서 소망을 발견했다. 오늘날 우리도 성경에서 삶의 소망과 기대를 발견한다. 나 역시 그 이야기에서 소망을 찾았고, 결이도 같은 경험을 하길 기대하고 있다. 하나님의 이야기를 사랑하고, 그 이야기를 만날 때마다 눈빛이 반짝이기를, 삶의 어려운 순간마다 그 이야기가 힘이 되어주기를 기도한다.

성탄을 관통하는 키워드 세 가지가 있다면 그것은 아마도 '기다림', '밑바닥', '찾아옴'이 아닐까 싶다. 기나긴 포로 생활을 끝내 줄 구원자에 대한 '기다림', 기다림을 이어가는 '밑바닥' 사람들과 마침내 그들을 '찾아오신' 구원자 예수.

성경을 이야기가 아닌 연대기적, 역사적 순서로 읽으려고 하면 성경이 말하려고 한 의도를 놓치게 되는데, 특히 말라기에서 마태복음으로 넘어가는 문학적 장치가 그렇다. 말라기 4장에서 저자는 갑자기 '여호와의 날 이전에 찾아올 엘리야'를 언급하는데, 이는 마태복음 11장 14절에서 언급한 '오리라 한 엘리야'인 '세례 요한'의 등장과 연결된다. 성경은 구약의 메시아를 향한 기다림이 신약에서도 여전히 이어지고 있다는 것을 이야기하고 싶었던 것이다. "너희가 기다렸던 그 메시아가 바로 예수야!"라고 말이다.

그러나 메시아를 기다리던 사람들은 메시아를 알아보지 못했고, 구원의 기쁜 소식은 오히려 기다림 바깥에 있(다고 여겨졌)던 동방의 점술가들과 당시 사회 밑바닥 계층이었던 목자들에게 받아들여졌다. 토라를 연구하며 구원자의 약속을 추적하던 이들보다 그런 약속을 들어보지도 못한 이들과, 구원이고 나발이고 그저 하루하루 살아가는 것이 전부였던 이들에게 찾아온 복음은 구원자 예수에 대해 잘 알고 있다고 생각하는 우리에게 다시 한 번 돌아볼 기회를 주는 것 같다.

우리는 성경을 기대하며 읽고 있는가? 성경에 관한 이야기를 너무 많이 듣기만 한 나머지, 성경을 읽지도 않고 성경을 잘 안다고 착각하고 있는 것은 아닐까? 예를 들면 요한복음 4장의 사마리아 여인만 들어도 "아 그건 예배 이야기지!"라거나, "고린도전서 13장은 사랑 장이지!" 같은 식으로 말이다. 교회 안에 오래 있었다는 이유만으로 모든 것을 알고 있다고 생각한다면 자기를 돌아보면 좋을 것 같다. 당신에게 복음은 무엇이고, 회개란 무엇인지. 당신은 당신의 말로 그것을 표현할 수 있는지.

우리 중에 성탄을 간절히 기다리며 맞이하는 사람은 그다지 많지 않을지도 모르겠다. (결이는 성탄 선물로 로봇 장난감을 엄청 기대하고 있다.) 쳇바퀴처럼 돌아가는 일상, 직장과 육아 스트레스, 취업 걱정과 빈 잔고, 그리고 카드값과 학자금 대출 등등 구원자 예수의 오심을 기억하고 기다리기엔 바로 앞에 쌓인 문제가 너무나 많으니 말이다. 그러나 예수께서는 그런 밑바닥 무지렁이 우리에게 먼저 찾아오셨다. 기억할 힘도, 능력도 남아 있지 않은 우리에게 먼저 찾아오셔서 그분이 누구인지, 어떤 분이신지 기억하게 하시고, 힘을 주시고, 다시 살아가도록 등을 떠밀어 주신다. 하늘과 땅의 간격을 뚫고 먼저 우리에게 찾아오셨다.

성탄은 예나 지금이나 여전히 좋은 소식이다. 왜냐하면 우리는 자주 잊어버리니까! 우리가 잊더라도 우리를 잊지 않으시는 구원자 예수, 그분이 오늘도 우리를 찾아오신다. 오셔서 기대하지 않았던, 기대할 수 없었던 우리를 다시 한 번 기대하게 하실 것이다. 메리 크리스마스!

15화
【영광】

사랑이신 삼위 하나님은
당신의 전부를 아십니다
당신을 받으시고 지키십니다
당신을 만족해 하십니다

연약하고 모자라서 더 좋은 너

그 말씀은 육신이 되어 우리 가운데 사셨다. 우리는 그의 영광을 보았다. 그것은 아버지께서 주신, 외아들의 영광이었다. 그는 은혜와 진리가 충만하였다. (요한복음 1장 14절, 새번역)

그런 때가 있다. 놀고 있던 아이와 우연히 눈이 마주쳤을 때, 집중하며 열심히 무언가를 만들고 있는 아이의 삐죽 나온 입술을 보았을 때, 삐뚤빼뚤 힘주어 쓴 글씨를 보여주며 칭찬을 기대할 때, 팔에 안겨 새근새근 잠든 얼굴을 볼 때, 저녁밥을 한술 뜨더니만 "으음~~" 하는 감탄사를 내뱉으며 엄지를 '척!' 치켜세울 때, 뭔가 갖고 싶은 게 있어 괜히 온몸을 배배 꼬며 살갑게 다가올 때, 하나도 안 궁금한 자기 관심사를 쫑알쫑알 이야기할 때…. 그 주체할 수 없는 사랑스러움 때문에 가슴이 벅차오르는 그런 순간이 있단 말이다. (너무 사랑스러워서 뽀뽀를 참을 수 없지만 요새는 도망간다. 흑흑 ㅠㅠ 너무 컸어.)

별것 아닌 움직임, 첫 뒤집기, 첫 옹알이, 처음 두 다리로 일어선 날, 젖병을 떼고, 기저귀를 떼던 날, 처음 어린이집을 가던 날, 놀이터에서 신나게 뛰어놀던 날, 처음 바다에 발을 담그고는 생전 처음 느끼는 새로운 감각에 멍－했던 날, 처음으로 엄마 아빠를 떠나 할머니 집에서 잔 날, 유치원을 졸업하고 초등학교에 가던 날…. 결이와 함께 한 모든 처음, 감격스러운 기억과 감정을 고스란히 기억하고 있다. 별 대수롭지 않아 보이는 일들이 나와 깊이 관계한 우리 아이에게 일어날 때, 그 모든 소소한 기억들은 부모의 가슴속에 큰 의미로 자리하게 된다.

결이가 어린이집에서 직접 오리고 붙인 카네이션을 가져온 날이 기억난다. 물론 거의 선생님께서 도와주셨지만, 직접 모양 가위로 오리고 풀로 붙여서 만든 엉성한 종이 카네이션을 건네었을 때, 그것은 내게 이 세상 어느 아름다운 꽃과도 바꿀 수 없는 가장 훌륭하고 예쁜 꽃이 되었다. 바로 SNS에 올려 사람들에게 자랑하고, TV 옆 가장 잘 보이는 자리에 장식한 건 당연한 이야기.

내가 결이의 카네이션을 자랑하는 이유는 무엇일까? 당연한 이야기지만, 결이의 카네이션이 내게 최고의 작품이 되는 이유는 꽃의 퀄리티 때문이 아니다. 결이와 나의 사랑의 관계, 아빠와 아들이라는 관계가 그 꽃을 아름답게 만든 것이다. 우리의 관계 때문에 결이가 하는 모든 행동, 말들, 만들어낸 모든 것들이 내게는 영광이고 자랑거리가 된다. 그렇다면 우리의 하늘 아버지도 마찬가지 아닐까?

요한복음은 다른 복음서들과는 상당히 다른 결이 있는데, 특히 1장은 유대인들이 봤다면 "대체 이게 뭔 소리야?" 싶을 정도의 파격적 방식으로 예수님을 소개하고 있다. 오늘 우리는 이 구절을 보고 예수님의 성육신을 쉽게 떠올릴 수 있겠지만, 당시 사람들에게 요한복음 1장의 선언은 조금 다른 의미로 다가왔을 것이다.

당시 로마 문화, 특히 철학에서 로고스는 세상이 돌아가는 이치, 만물이 존재하는 근본적인 원인이라는 뜻이었다. 그래서 요한은 그 개념을 빌려와, 너희가 생각하는 로고스가 사람의 모습으로 나타난 분이 바로 예수님이라고 이야기하는 것이다. 사람들의 눈높이에 맞춰 복음을 전하려고 애쓴 요한의 노력이 느껴지는 부분이다.

이어서 요한은 그 안에서 어떤 '영광'을 봤는데, 그것이 '아버지의 독생자의 영광'이라고 말한다. 나는 왠지 이 '영광을 본다'라는 표현이 눈에 들어왔다. 왜냐하면 우리는 교회 안에서 '영광을 돌린다'는 표현은 자주 사용하지만, 하나님의 '영광을 보는 것'에 대해서는 잘 언급하지 않는 것 같다는 생각이 들었기 때문이다. 그래서 이 본문을 볼 때마다 궁금했었다. 과연 요한은 예수님 안에서 어떤 영광을 보았던 걸까?

우리가 '하나님께 영광 돌린다'라는 말을 가장 많이 듣고 쓸 때는 언제일까? 가끔 연예인들의 수상 소감에서도 들을 수 있지만, 보통은 예배 찬양 안에서 자주 사용하는 것 같다. 바로 "주님께 영광의 박수 올려드리겠습니다"와 같은 멘트 말이다. 그런데 이런 말 한마디와 박수로 정말 하나님이 영광을 받으실까? 이런 질문을 품고 꽤 오랜 시간 고민하던 끝에 하나의 실마리를 찾게 되었다.

기독교 신앙의 기초적인 내용이 담긴 《웨스트민스터 소요리문답》이라는 책의 첫 번째 문장은 이렇게 시작한다.

문: "사람의 주된 목적이 무엇인가요?"

답 : "사람의 주된 목적은 하나님을 영화롭게(glorify) 하는 것과, 영원토록 그분을 즐거워하는 것입니다."

《웨스트민스터 소요리문답, 제1 문답》

이 말은 먼저 하나님과 우리의 관계를 보여 준다. 많은 경우 우리는 하나님과 전혀 관련이 없는 존재처럼 살아갈 때가 있다. 하나님을 필요에 따라 찾는 자판기처럼 이용하기도 한다. 하나님의 존재도 믿고, 교회도 다니고, 봉사도 하고, 찬양팀도 하고, 자신을 기독교인으로 생각하면서 살지만, 실제로는 전혀 하나님을 생각하지 않는 '실천적 무신론자'로 사는 경우도 있다. 다시 말해, 하나님을 무시하면서도 얼마든지 기독교인으로 행세하며 살아갈 수 있다는 거다. 그러나 이 문답에 따르면 하나님께 영광을 돌리는 삶은 먼저 하나님을 의식하고 사는 삶의 태도에서 출발한다. 하나님을 삶의 목적으로 삼는 것, 그것이 기독교 신앙의 출발이다.

우리 삶에 목적되시는 하나님은 완전하고 부족함이 없는 분이시기에, 저 넓은 바다에 우리가 물 한 바가지를 더한들 크게 의미가 없는 것처럼 더 이상 어떤 영광을 더해드릴 필요가 없다. 따라서 하나님을 영화롭게, 우리가 자주 쓰는 표현으로 '영광을 돌린다'는 것은 좀 더 다른 의미가 있을 것이란 생각이 들었다. '영광을 돌린다'는 말은 이미 영광이 가득한 분, 영화로우신 하나님이 어떤 방식으로 자기 영광을 드러내시는지를 알고 그 방식을 따라 살아가는 것을 뜻하는 것은 아닐까. 다시 말해 하나님의 '하나님다움이 가장 잘 드러나는 삶을 따라 살아가는 것' 말이다.

성경에 '영광'으로 번역된 히브리어 중 '카보드'라는 단어가 있다. 이 단어의 원형은 '카바드'인데 '무게', '무거움'이라는 뜻이다. 나는 이 단어의 뜻에서 영광이란 곧 '하나님의 무게감, 존재감', 다시 말해 하나님의 '하나님다움'이 드러나는 것이 아닐까 하고 생각해 보았다. 축구 선수, 특히 공격수의 '공격수다움'은? 득점을 하는 것. 그럼 가수의 '가수다움'은 노래를 잘하는 것이겠지? 그렇다면 하나님의 '하나님다움'이 가장 잘 드러나는 때는 언제일까? 하나님이 하신 일, 곧 창조된 피조물이 하나님을 드러낼 때일 것이다.

우리는 우리가 잘해서, 또는 세상의 성공이나 어떤 특별한 업적을 통해, 기적적인 일을 경험하는 등의 특별한 일을 통해 하나님의 영광을 드러낼 수 있다고 생각한다. 그러나 하나님의 영광은 하나님이 창조하신 사람이 그 목적대로, 즉 '사람답게' 살아갈 때 더 잘 드러난다. 그렇기 때문에 올바른 신앙은 초월적인 존재가 되기 위해 노력하는 것이 아니라, 더 평범하고 더 인간다워지는 것이 아닐까?

나는 완벽한 신앙인이 되고 싶었다. 세상에서도 완벽하면서 신앙으로도 완전한 그런 멋진 신앙인 말이다. 우리는 대부분 그런 '완벽한' 사람들의 '간증'을 들으며 자라왔고, 그래야만 하나님께 '영광'을 돌릴 수 있다고 생각한다. 그리고 그런 완벽한 모델과는 한참 거리가 있는 내 모습 사이에서 계속된 실패와 좌절감을 맛보는 경우가 많다. 하지만 하나님은 우리를 조금 부족한 존재(시 8:5)로 지으시고, 부족함에도 불구하고 하나님을 신뢰하며 살아가는 '인간적인' 모습에서 영광을 받으신다고 하신다. 오히려 이렇게 하나님만을 의지하며 살아가는 겸손한 삶이 창조된 목적에 가깝다는 것이다.

그래서 우리가 만들어 내는 모든 것이 꼭 완벽한 카네이션일 필요는 없다. 나에게 결이의 엉성한 카네이션이 최고

이듯, 상처와 실패로 얼룩졌지만 여전히 하나님을 의지하는 우리의 '완벽하지 않은' 삶이 주님께는 최고의 영광이다. 그래서 우리는 완벽하지 않아도 되는 지금 이 모습 그대로, 충분히 생각보다, 괜찮은 존재들이다.

16화

【예배】

우리를 부르신 주님은

거절하지 않는 분이십니다

자모실 블루스

자모실이라는 말이 아이를 돌보는 역할을 엄마로만 한정한다는 점에서 최근에는 **가족 예배실**이나 **영유아 동반 예배실**로 바꾸고 있습니다.

하나님은 영이시다. 그러므로 하나님께 예배를 드리는 사람은 영과 진리로 예배를 드려야 한다. (요한복음 4장 24절, 새번역)

🐼

아무도 의심하지 않는다. 아이가 있는 가정은 자모실로 들어가야 한다는 것을. 특히 암묵적으로 엄마들이 자모실로 가야 한다는 것을. 자모실에 입장한 아빠는 입장하는 순간부터 뜨거운 눈총을 받는다. 마치 '금남의 성역'에 잘못 들어온 느낌이다. 우는 아이에게 수유를 하러 밖으로 나가는 한 엄마의 눈빛이 괜히 날카로워 보인다. '여기는 정녕 내가 올 곳이 아니었던가….'

나   여보, 나 나갈까?
아내   아 그냥 있어!
나   어… (쭈글)…

예배당 안쪽에는 통유리로 된 이상한 공간이 하나 있다. 이른바 자모실(자부실은 왜 없는 거지?)이라 불리는 공간이다. 이름부터 '엄마들의 공간'이라는 포스를 내뿜고 있는 이 장소는 사실 교회 안의 유배지, 다수의 성인 성도들이 조용하고 편안하게 예배할 수 있도록 시끄러운 아이들을 격리(?)하는 장소가 되어 버린 지 오래다. 사역자일 때는 들어갈 일이 (내부 중계용 스피커를 고치러 갈 때 빼고는) 거의 없었던 곳을 매주 들어가게 되니, 그제야 자모실이 어떤 곳인지 알게 되었다.

일단 강단을 비추는 화면에 10초 이상 집중할 수가 없다. 의자가 아닌 바닥에 자리 잡은 결이는 자리 잡은 순간부터 사방팔방을 향하여 기고 뛰면서 돌진을 시작한다. 찬양을 부르다 잠시 눈이라도 감으면 바로 "으앙" 경보가 울린다. 장난감 때문에 싸움이 붙었거나, 어디 부딪혔거나. 겨우 다시 데려와서 무릎에 앉힌 다음 대표 기도를 보고 있자면 어느새 아빠 품을 빠져나와 옆집 친구의 쌀 과자를 보며 침을 흘리고 있다. "친구도 하나 먹을래?" '끄덕' "아이고 죄송해요." 오늘 처음 보는 분께 과자를 얻어먹고는 기분이 좋은지 괴성을 지른다. 그러고는 친구가 가지고 놀던 뽀○

로 버스 장난감에 손을 대서 한바탕 실랑이가 붙었다가, 문 앞에 서서 밖에 나가자고 대성통곡을 한다. 이 모든 일은 우리 애만 그러는 게 아니라 자모실에 있는 모든 아이와 함께 동시다발적으로 일어나는 일이다. 몇 번의 폭풍 같은 시간이 지나고 나면 목사님의 축도와 함께 이 전쟁은 끝이 난다. 하지만 아직 밥 먹기 전쟁이 남아 있다…. 이렇게 아이와 함께 오전 예배를 드리고 나면 그 이후에 성경공부나 교제에 쓸 체력은 이미 바닥나기 마련이다.

이런 상황에서 드리는 예배는 예배일까? 나는 과연 예배를 잘 드리고 있는 것일까? 나름 예배사역을 전문으로 하는 선교단체에 오래 있었다는 자부심은 자모실 예배 하루 만에 산산이 무너지고 말았다. 아, 나는 정말 편안한 예배를 드리고 있었구나. 내가 지금까지 알고 말해왔던 예배는 대체 누구를 위한 예배였던 것일까?

예배를 말할 때 흔히 언급하는 요한복음 4장의 사마리아 여인은 예배라는 주제를 다루기엔 부적합한 사람이었다. 예루살렘의 '진짜' 성전이 아닌 그리심 산의 '가짜' 성전에서 예배를 드리고, 혈통으로는 유대인이 아닌 사마리아인인데다가, 당시 문화적으로 제사를 비롯한 각종 종교의식에 설 수 없는 여성이기 때문이다. 예수님은 정통성이라고는 하나도 없는 시골 여성과 예배에 대한 이야기를 나누셨다. 게다가 예배는 장소나 정통성의 문제가 아니라고 하시면서 '아버지께 참되게 예배하는 자들은 영과 진리로 예배할 때가 온다. 지금이 바로 그때다'라고 말씀하신다. 개역한글 성경은 이 부분을 '신령과 진정'이라고 번역했다. 그래서인지 개역한글 성경을 사용하던 때에는 예배는 아주 "시인령"하고 "지인중"하게 드려야 한다고 생각했다. (어떤 사람들은 산신령을 떠올리기도 했을 것이다.) 이후 개역개정 성경이 조금 더 원이에 가까운 영과 진리로 번역이 된 후로는 이 내용을 성령의 임재와 말씀으로 일대일 대응해서 가르치는 경우가 많았다. 그러다 보니 어떤 전통은 예배 안에 성령의 역사가 나타나야 한다며 은사 중심의 예배를 중시하기도 했고, 반대로 설교나 성경에 관심이 적은 것을 반성하는 흐름도 생겨났.

하지만 이러한 해석은 요한복음이라는 책 전체 흐름과 메시지를 고려하지 않은 단편적인 해석이라고 생각한다.

전체 맥락에서 24절의 '영과 진리로'라는 구절을 들여다보자. 먼저 영과 진리는 원어로 보면 '영 그리고 진리', '영 즉 진리'로 읽을 수 있다. 다시 말해 영과 진리는 같은 내용을 덧붙여 설명하는 표현인 것이다. 조금 더 시야를 넓혀서 '영과 진리'라는 단어가 요한복음 전체에서 어떻게 쓰이는지를 보면 예수님이 어떤 말씀을 하고 계시는지 분명해진다. 요한복음을 처음부터 천천히 읽어 보면 '처음부터 성령을 받으신 분', '진리가 태초부터 충만하신 분', '말씀이 육신이 되어 이 땅에 오신 분'이 소개된다. 누굴까? 그렇다. 예수님이다. 요한복음이 말하는 '영과 진리'는 바로 예수 그리스도를 뜻한다. 그리고 이어지는 접속사 '-로'는 '-안에서'라는 뜻도 가지고 있다. 그렇다면 '영과 진리로'는 '예수 안에서'라고 해석할 수 있는 것이다. 예수님이 말씀하시는 새로운 예배는 예수 그리스도를 통해 드리는 예배이다.

이렇게 보면 본문이 말하는 '영과 진리 안에서' 예배를 드린다는 것은 더 이상 예배를 '어떻게 드리느냐'의 문제가 아닌 것이다. 다시 말해 예배란 장소의 문제, 방법의 문제가 아니라 (물론 그것도 중요하지만) 누구 안에서 드리는

지의 문제, 즉 소속의 문제라는 것이다. 예수님은 23절에서 '영과 진리로 예배할 때가 온다'고 말씀하시면서 지금이 바로 그때라고 선언하신다. 예수 그리스도의 오심을 통해 그분을 믿는 사람들이라면 누구나, 언제든, 어디서든 예배를 드릴 수 있다는 사실을 말씀하신다.

그럼 예배를 잘 드린다는 건 무슨 뜻일까? 예배당에서 드리는 예배와 자모실에서 드리는 예배는 정말 다른 것일까? 매 순간 집중하고 정성을 다해 드리지 않으면 그 예배는 실패한 것일까? 예배를 드리면서 기저귀를 갈고 수유를 하면 잘 드리지 못한 예배일까? 아이를 달래느라 설교를 하나도 못 들었다면 예배를 잘 못 드린 것일까? 적어도 요한복음 4장의 예수님은 그렇게 말씀하고 계시는 것 같지 않다. "너희가 내 백성이라면 너희는 예배할 수 있는 자격이 있는 거란다." 이렇게 말씀하시는 것 같지 않은가?

직장, 육아, 인간관계, 출퇴근, 몸의 피로, 병, 카드값, 대출금, 여러 약속 등 다 열거할 수 없는 어려움에도 불구하고 하나님 백성으로의 부르심에 응답하여 온 힘 다해 모인 사람들에게 매정하게 예배의 성공과 실패를 나누는 차가운 하나님을 나는 도무지 상상할 수가 없다! 만약 그렇다면 자기 백성을 사랑하여 아들을 죽기까지 내어주신 뜨거운 사랑의 하나님은 대체 누구시란 말인가?

🐻

기독교의 예배가 타 종교의 예배와 가장 다른 점은 보통 종교 제의는 신의 노여움을 달래거나 원하는 것을 얻기 위한 목적으로 인간이 신을 찾아가는 모습을 보이지만, 기독교의 예배는 하나님이 먼저 인간에게 찾아오신다는 것이다. 그래서 기독교의 예배는 인간 편에서 바치는 제물이나 정성에 달려 있지 않다. 오직 하나님과 어떤 관계인지만이 중요한 조건이다. 하나님의 백성이면 하나님께 예배할 수 있다. 조건은 오직 그것뿐이다. 이를 위해 예수님이 십자가에 달려 죽으시고 부활하셔서 하나님과 우리 사이를 회복시키신 것이다. 예배의 모든 것이 하나님으로부터 주어졌기 때문에 예배의 성패도 오직 하나님께 달려 있다. 그래서 우리는 예배할 때 이 말씀을 꼭 붙잡아야 한다.

믿음이 없이는 하나님을 기쁘게 해드릴 수 없습니다. 하나님께 나아가는 사람은, 하나님이 계시다는 것과, 하나님은 자기를 찾

는 사람들에게 상을 주시는 분이시라는 것을 믿어야 합니다. (히 11:6, 새번역)

아울러 다시 한 번 스스로를 돌아보면 좋겠다. 우리는 예배를 서비스로, 교회를 서비스를 편안하게 즐길 수 있는 곳으로 착각하고 있는 것은 아닐까? 예배를 잘 드리기 위해 교회는 시끄러운 아이들을 맡아 주어야 하고, 오고 가는 데 편하도록 주차장도 깔끔해야 하고, 밥도 맛있고 건물과 편의시설도 완비해야 하는, 일종의 '종교 쇼핑몰'로 교회를 '소비'하고 있지는 않은지…. 이렇게 어른들의 예배를 위해 아이들과 청소년, 청년들과 교회 노동자들이 희생하고 있지는 않은지…. 그래서 나는 자모실이 사라지고, 모두가 함께 북적이며 예배 드리는 '불편한 예배'를 꿈꿔본다. 좀 시끄러우면 어떻고, 설교가 잘 안 들리면 좀 어떤가? 하나님께서 '우리' 예배를 받으신다는데. '우리'에서 아이들과 부모들을 소외시키지 않으면 좋겠다.

17화
【상처 입은 중보자】

"예수님, 그 상처는 그냥 두시게요?"
"응. 이게 내 자랑거리야."

해결해 주는 것만이 답은 아니니까

믿음의 창시자요 완성자이신 예수를 바라봅시다. 그는 자기 앞에 놓여 있는 기쁨을 내다보고서, 부끄러움을 마음에 두지 않으시고, 십자가를 참으셨습니다. 그리하여 그는 하나님의 보좌 오른쪽에 앉으셨습니다. (히브리서 12장 2절, 새번역)

부모는 자녀에게 모든 것을 다 해주고 싶다. 나도 결이에게 모든 것을 주고 싶은 마음이 굴뚝같은지라 종종 과하게 결이에게 반응하나가 아내에게 핀잔을 듣곤 한다. 아빠는 오버하고 엄마는 대범한 부부의 묘한 육아 밸런스! 그런데 오버스러운 애정이 가끔씩 비집고 나오는 나의 우울 기질과 만나면 아주 기분 나쁜 상상이 이어진다. '내가 없으면 결이는 어떡하지?'라는 상상. 몸이 많이 아프거나 먼 길 운전해야 하는 출장 전날이면 꼭 이런 생각을 하게 된다. '그러지 말아야지' 하면서도 머릿속 상상을 막을 수는 없는 법이라 이런 생각이 떠오르는 밤이면 아주 우울해진다.

결이에게 세상에서 제일 무서운 게 뭐냐고 물어보면 '아빠 엄마를 못 보는 거'라고 말하곤 한다. 신혼집에서 다른 집으로 이사하던 날 상황이 여의치 않아 결이를 하룻밤 장모님 댁에 맡겨 재웠다. 그날이 결이 인생에서 처음으로 엄마 아빠와 완전히 떨어져 지낸 날이었다. 처음 부모와 떨어져 지낸 밤이 많이 무서웠는지 그 후로는 아무리 좋은 말로 꾀도 외할머니 집에서 자려고 하질 않는다. 혹시라도 엄마 아빠가 현관문 쪽으로 가기라도 하면 밥 먹다가도 후다닥 일어나 문가로 달려오곤 한다. 씩씩하게 뛰어다니다가도 내가 장난삼아 숨기라도 하면 이내 "아빠~" 하며 울음을 터트린다. 달려가 품에 안고 달래 주어도 놀란 결이는 쉬이 진정되지 않는 것 같다. (어린이집은 신나서 가는 걸 보면 신기할 따름이다.) "엄마 아빠는 절대 결이를 두고 가지 않을 거야"라고 아무리 말해 주어도, 실제로 함께하는 것만큼 확실한 약속은 없는 것 같다.

결이를 보며 예수님이 떠나신 후 제자들 마음을 떠올려 볼 때가 있다. 예수님은 떠나시기 전 제자들에게 죽으시고 부활하실 것을 몇 번이고 말씀하셨지만, 남겨진 이들에게 그 약속이 기억날 리 없었다. 제자들은 예수님에게 로마를 물리치고 독립된 이스라엘을 세우는 강력한 지도자의 모습을 기대했다. 그런 기대감으로 며칠 전까지만 해도 예루살렘 곳곳을 돌아다니며 세상이 마치 제 것인 양 당당히 돌아다녔던 제자들은 이제 세상에서 가장 초라하고 불쌍한 사람이 되어, 문을 걸어 잠그고 숨어 있다. 우리가 아는 복음 전도자들, 믿음의 용사들은 어디 갔는지. 그들도 엉엉 우는 겉이와 다를 바가 없어 보인다.

때로는 '주님과 동행한다'는 말이, '예수님을 믿는다'는 말이 '정신승리'처럼 느껴질 때가 있다. 기도는 하지만 계속 두렵고, 여전히 문제는 그대로 있고 해결될 기미조차 보이지 않을 때, 불안한 상황 속에서 부정적 상상력이 끝 간 데 없이 뻗어나갈 때, 과연 내 신앙은 의미가 있는 것인지 의심스럽다. 이럴 때 우리는 제자들이 기대한 것처럼 우리 문제를 한 번에 해결해 주는 강력한 예수님을 기대한다. 하지만 예수님은 십자가를 부수고 내려와 로마 병사들을 물리치고, 배신한 제자를 혼내 주는 대신에 묵묵히 고통의 자리를 감당하신다. 왜 그러셨을까? '우리를 구원하기 위해서'라는 쉬운 정답을 말하기 전에 조금 더 생각해 보자. 예수님은 진짜 사람이 되려고 하셨던 것은 아닐까? 그래서 아픔을 피하지 않고 온몸으로 받아들이신 것은 아닐까?

"예수님은 어디에 계시죠~?" 주일학교부터 교회를 다녔다면 한 번쯤은 선생님으로부터 들어 봤을 질문. 보통은 "우리 마음속에요!"라고 대답하겠지만, 성경을 조금만 자세히 들여다보면 성경은 우리 생각과는 다르게 말하는 것을 알 수 있다. 요한복음 20장에서 부활 후 제자들에게 나타나신 예수님은 의심하는 도마에게 손바닥과 옆구리 상처에 손을 넣어보라고 하신다. 주님은 상처 없는 깨끗한 몸이 아닌 십자가의 상처와 아픔을 그대로 가진 채 부활하셨다. 그러고는 제자들과 함께 지내시며 하나님 나라에 대한 것을 가르치다가 승천하시는데, 그때 흰옷 입은 두 사람이 이렇게 말한다. "이르되 갈릴리 사람들아 어찌하여 서서 하늘을 쳐다보느냐 너희 가운데서 하늘로 올려지신 이 예수는 하늘로 가심을 본 그대로 오시리라 하였느니라"(행 1:11, 개역개정).

천사들의 말에 의하면 우리 생각과는 달리 예수님은 마음속이 아니라 하늘에서 우리를 위해 중보하고 계시는 것 같다. 이보다 더 중요한 것은 예수님이 '어떤 몸'으로 거기에 계시는가이다. 앞서 말했듯이 주님은 부활하실 때 제자들에게 보여 주셨던 핍박받아 찢기고 상처 입은 몸 그대로 하늘로 올라가셨다. 이것이 무슨 의미일까? 하늘에 계신 예수님은 피조물의 채찍에 뜯기고 창에 찔려 움푹 팬 상처도, 제자들에게 배신당하고 억울한 판결을 당하며 조롱과 욕을 당한 기억도 모두 그대로 갖고 계시다는 것이다. 이것이 핵심이다. 하늘 보좌에서 우리를 위로하시는 예수님은 우리와 관계없는 분이 아니라는 것, 사람을 사랑하다 못해 인간의 아픔을 깊이 경험하고, 우리의 고통을 공감하는 분이시라는 것 말이다.

우리 하나님은 우리를 아신다. 친구에게 배신당하고 아파하는 우리 마음을 아시고, 윗사람에게 폭행과 폭언을 당한 우리 몸과 마음을 아신다. 철저히 혼자 남은 외로움이 무엇인지 아신다. 그 밤에 홀로 울면서 기도하는 것이 무엇인지 아신다. 갈릴리의 일용직 노동자이셨던 그분은 억울하게 임금을 떼이고 하소연할 곳이 없어 답답해하는 심정이 무엇인지 아신다. 하루 한 끼 먹기도 힘들었던 식민지 하층민으로 사셨던 그분은 배고프고 굶주린 것이 무엇인지 아시며, 누군가가 자기를 협박하고 공격하는 두려움이 무엇인지 아신다. 가장 절망스러운 순간, 가장 사랑하는 아버지로부터 외면당하는 고통을 아신다. 인간의 가장 어두운 밤이 무엇인지를 가장 잘 아시는 분이 바로 상처 입은 예수님이시다. 그런 예수님이 우리의 중보자이시다. '하나님께서 우리를 아신다'는 말은 그냥 하는 말이 아니라 그분의 삶의 깊은 경험에서 우러나오는 진심 그 자체이다. 하나님은 진짜 사람이 되셨다.

내가 믿는 예수님은 문제를 해결해 주시거나 상황을 벗어날 수 있는 특별한 능력을 주시는 분이 아니다. 내게는 겟세마네에서 끝없는 불안과 싸우시던 예수님이 더 친근하게 느껴진다. 나를 알고, 나를 이해하고, 내 아픔의 자리에서 함께 아파하고 계시는 분. 나는 '진짜 사람'이신 예수님을 믿는다. 그분이 그렇게 약한 모습으로 승리하셨던 것처럼 나도 약하디 약한 모습이지만 끝까지 버텨내고 싶다. 그래서 결이에게도 무엇이든 다 해주는 만능 아빠보다는 힘들고 어려울 때 말없이 함께하는 존재가 되어주고 싶다.

내가 세상 끝날까지 너희와 항상 함께 있으리라 하시니라(마 28:20, 개역개정).

18화
【성령】

세상 만물에게 말을 건네며,
그렇게 너는 세상을 넓혀가는구나

너의 세상이 넓어질 때

그들이 다 성령의 충만함을 받고 성령이 말하게 하심을 따라 다른 언어들로 말하기를 시작하니라 (사도행전 2장 4절, 개역개정)

결이가 눈이 보이기 시작하면서 초점 책이나 모빌에 관심을 보이기 시작한다. 청각도 열리기 시작했다. 목욕 시킬 때 물을 받는 소리가 "쏴아" 들리면 칭얼거림을 딱 멈추고 소리에 집중한다. 뭐라고 하는지 모르겠지만 혼자 옹알옹알하면서 놀기도 한다. 결이가 크고 있다. 일반적으로 아이의 눈은 흐릿한 형체에서 흑백을 구분하고 이어서 색을 구분할 수 있다고 한다. 하나의 시야가 열릴 때마다 결이에게 새로운 세상이 열린다. 똑같은 세상이 조금씩 새롭게 다가오는 놀라운 경험을 하고 있는 것이다. 결이가 그리는 그림을 보면 우리 아들이 어떻게 세상을 보고 있는지 엿볼 수 있어서 재미있다. '네가 보는 사과는 이렇게 생겼고, 엄마 아빠는 이렇게 생겼구나' 하고 말이다.

결이는 어린이집 가는 길에 만나는 나무와 풀에게 말을 건넨다. 아직 말을 잘 못할 때도 한참을 쫑알대고 나서야 길을 나서는 바람에 엄마가 답답해 한 적이 한두 번이 아니었다. 대체 넌 나무랑 무슨 이야기를 그렇게 하는 거니? 안 그래도 쫑알쫑알 말이 많은 아이인데 글을 읽을 줄 알고 나서부터는 지나가며 보이는 온갖 간판과 현수막을 읽으며 '저게 뭐냐'고 물으며 엄마 아빠를 귀찮게 하곤 했다. 할 줄 아는 것, 볼 줄 아는 것이 하나씩 늘어갈 때마다 결이는 새로운 세계를 맞이한다. 그렇다. 원래 그 자리에 있었던 것들이 새롭게 보이고 의미 있는 무언가로 다가오게 되는 것, 그것이 신비가 아닐까. 지금 결이는 자연스럽게 하나님이 만드신 세상의 신비를 경험하고 있는 것이다.

오순절에 성령께서 내려오신 사건은 제자들의 시야를 새롭게 여는 사건이었다. 언어의 확장과 더불어 세상을 보는 새로운 시야를 탁 트여준 사건. 성령이 주시는 열린 눈으로 보니 로마와 유대 종교 지도자들이 지배하고 있는 것처럼 보였던 세상이 승리하신 예수님의 다스림 아래 있음을 제자들은 깨닫게 되었다. 더 이상 골방에 숨어 있을 이유가 없었다. 그들은 놀라워하며 굳게 닫힌 문을 박차고 뛰어나가 하나님의 큰일을 선포하기 시작했다.

지금도 성령께서는 각 사람의 마음에 새로운 시야를 허락하신다. 삶의 무게에 매몰되어 전후좌우 어디를 봐도 소망이 없는 이에게 하늘로부터 오는 새 소망을 주신다. 경직된 사고를 풀어 주시고 새로운 생각을 할 수 있게 하신다. 권력과 압제로 굳어진 사회 구조를 뚫고 저항할 수 있는 용기를 주신다. 로마의 지배에 대항하였던 교회, 종교개혁을 일으킨 교회, 불의에 저항하는 교회처럼 지금도 새 생명을 믿는 공동체들에게 부어주신다. 기독교의 신비는 병이 낫고, 기적이 일어나는 데 있지 않다. 어제까지 내게 아무런 의미가 없던 일, 때로는 고통스러웠던 일들이 성령을 통해 새롭게 다가오는 것이 신비이다. 하늘로 올라가신 예수님께서 우리를 위해 보내주신 성령님은 믿는 사람들 가운데 거하시면서 각 사람의 생각을 새롭게 하신다. 새로운 눈, 새로운 귀, 새로운 입을 주시고, 새로운 생각을 할 수 있도록 도와주신다.

우리는 익숙함 때문에 새로움에 대한 기대감을 잃어버

린다. 하루하루 쳇바퀴처럼 반복되는 일상에 적응하다 보면 모든 것이 익숙해진다. 사랑하는 사람을 처음 만났을 때의 설렘도, 직장에 처음 출근하던 긴장감도, 맛있는 음식을 먹었을 때의 기쁨도, 너무 갖고 싶었던 것을 선물 받았을 때의 감격도. 매일매일이 전쟁 같아서 버티는 것만으로도 힘들어 주위가 보이지 않는 순간도 있다. 이때가 바로 성령이 일하시는 타이밍이다. 이때 성령님은 우리를 기도의 자리로 이끌어 우리 시선을 하늘로 돌리신다. 상상력을 회복시키신다. 눈에 가려진 것을 벗기셔서 주변의 희망들을 발견하게 하신다. 다른 생각을 할 수 없는 상황에서 해결의 실마리를 제공하신다.

교회가 성령의 강림을 기억하는 이유는 성령은 예수 그리스도 안에서 구약의 약속들을 새롭게 해석할 수 있는 빛을 비춰주신 분이시기 때문이다. 새 생명을 주시고 마른 뼈를 살리신 분이시기 때문이다. 삶의 익숙함과 팍팍한 상황에 갇혀 다른 것을 생각할 수 없는 우리에게 한 줄기 빛을 비추시는 분이시기 때문이다. 그러므로 우리 함께 이렇게 기도하자.

"우리 안에 계신 성령님,

오늘도 우리를 비추셔서 우리의 약하고 악한 것들을 드러내시고

정결케 하시어 당신의 백성다운 삶으로 초청하여 주시길 소망하나이다.

삶의 무게로 묶여 경직된 사고를 풀어 주시어

주님께서 열어 주신 하나님의 나라를 바라보게 하시고,

반복되는 일상에서 하나님 나라를 꿈꾸며 살 수 있는

지속적인 힘과 능력을 공급하여 주시옵소서.

보지 못하던 것을 보는 눈을 주시고,

답답한 상황 속에서도 길을 찾아내는 시야를 주시옵소서.

매일 아침 새로이 생명을 주시는

거룩한 삼위일체 성령 하나님께 간구합니다. 아멘."

19화
【행전】

지켜보고 있을게
눈을 떼지 않을게
언제든지 달려갈게

아빠 나 보고 있지?

그런데 흩어진 사람들은 두루 돌아다니면서 말씀을 전하였다.

(사도행전 8장 4절, 새번역)

아이가 자라며 기고, 서고, 뛸 줄 알게 되는 것은 부모로서 정말 기쁜 일이지만, 아이의 활동 반경이 넓어지면 부모의 고민이 커지기 마련이다. 그 말인즉슨 이제 아이 손이 닿는 곳이 늘어난다는 뜻이기에. 안 그래도 온 집안이 신기한 것 투성이인지라 한 번씩 만져 보고 입에 넣어 보고 싶은 뜻을 아직 다 이루지 못했는데 이제는 TV장 위도, 아빠 책장도, 식탁 위도, 몇몇 서랍도 자기 손으로 열어 볼 수 있게 되었다. 그뿐인가? 기어 다닐 때는 금방 잡아 올(?) 수 있었는데 걷고 뛰게 되니 어찌나 재빠른지 튀어나온 뱃살이 야속하기만 하다.

아이가 걸을 수 있다는 것은 동네 놀이터에 진출할 수 있는 최소한의 자격을 얻었다는 것을 뜻하기도 한다. 놀이터야말로 진정 부모님들의 전쟁터가 아닐까. 다양한 아이들과 부모들이 함께 어울리는 곳이기 때문에 긴장을 늦출 수가 없다. 놀이기구를 놓고 벌어지는 아이들의 쟁탈전, 이미 친한 아이들끼리 선점한 미끄럼틀, 빛의 속도로 뛰어 다니는 형 누나들 틈바구니에서 이리 치이고 저리 치이는 가여운 내 새끼. 엎어져서 엉엉 우는 게 안쓰러워 그만 가자고 하면 고개를 좌우로 붕붕 흔들며 절대 안 간다고 난리다. 그러다 누군가 "○○아 집에 가자" 하고 놀이터를 떠나면 기다렸다는 듯이 여기저기서 "거 봐. 저 친구도 집에 가지? 이제 다 집에 가는 시간이야. 밥 먹어야지" 하는 식으로 하나둘 놀이터를 벗어나기 시작한다. 물론 설득에 실패해서 해가 질 때까지 놀이터를 떠나지 못하는 슬픈 부모들의 이야기도 전해져 내려오고 있다고 한다….

아이들이 마음 놓고 뛰어놀 수 있는 이유는 무엇일까? 바로 엄마 아빠가 옆에서 자기를 지켜보고 있다는 안정감 덕분일 것이다. 정신없이 놀다가 어느 순간 고개를 돌려 봤는데 부모를 찾을 수 없다면 아이는 금방 울음이 터질 것이다. 부모가 그 자리, 그 순간을 함께 하고 있다는 인식, 그것이 아이를 담대하게 만드는 것 같다.

이제 막 걸음마를 시작한 교회는 놀이터를 향해 나가는 아이들처럼 바깥세상으로 여행을 시작해야 했다. 성령의 강림과 함께 주어진 '방언'은 이 여행의 시작을 알리는 휘슬과도 같은 것이었다. 방언을 통해 당시 예루살렘에 모여 있던 여러 외국인들이 말을 모두 알아듣는 모습을 보며 구약의 한 장면이 떠오르지 않는가? 그렇다. 바로 바벨탑 사건이다. 바벨에서는 하나님의 벌로 인해 언어가 달라져 서로 흩어졌지만, 이제 하나님은 '복음이라는 언어'로 사람들을 연결하신다. 창조 때부터 계획하셨던 에덴의 확장이 본격적으로 다시 시작되고 있는 것이다. 사도행전은 하나님 나라로 시작해서 하나님 나라로 끝이 난다. 하나님 나라가 아무런 방해 없이 퍼져 나간 것이다.

예수께서 고난을 받으신 뒤에, 자기가 살아 계심을 여러 가지 증거로 드러내셨습니다. 그는 사십 일 동안 그들에게 여러 차례 나타나시고, 하나님 나라에 관한 일들을 말씀하셨습니다. (행 1:3, 새번역)

그는 아무런 방해도 받지 않고, 아주 담대하게 하나님 나라를 전하고, 주 예수 그리스도에 관한 일들을 가르쳤다. (행 28:31, 새번역)

정말로 하나님 나라 복음이 아무런 방해도 없이 퍼져 나갔을까? 수많은 박해와 어려움이 새로 태어난 교회, 걸음마 하는 교회를 얼마나 방해하며 힘들게 했는지 사도행전은 생생하게 기록하고 있다. 그런데 성경은 왜 아무런 방해 없이 복음이 전해지고 있다고 말하는 것일까? 베드로와 교회가 성령의 능력을 힘입어 힘 있게 하나님 나라 복음을 선포할 때, 유대인의 지도자들은 그들을 체포하여 예수의 이름으로 아무것도 전하지 말라고 경고하였다. 그러나 베드로는 이렇게 말한다. "하나님 앞에서 너희의 말을 듣는 것이 하나님의 말씀을 듣는 것보다 옳은가 판단하라 우리는 보고 들은 것을 말하지 아니할 수 없다"(행 4:19-20). 이 일로 하나님께 영광을 돌리는 백성들 때문에 관리들은 베드로와 요한을 처벌하지 못하고 풀어줄 수밖에 없었다.

베드로가 풀려나고 공동체로 돌아와 유대인들이 한 협박을 그대로 전하자 교회는 함께 기도하기 시작했다. 어쩌면 우리는 이럴 때 원수의 공격을 없애 달라고, 어려움을 벗어나게 해달라고 기도할지도 모른다. 하지만 초대교회의 성도들은 '그들의 위협을 굽어살펴주소서'라고 기도한다. 그저 하나님께 우리를 지켜봐 달라고 요청하고 있는 것이다. 마치 놀이터에서 지켜보는 부모를 믿고 거침없이 뛰노는 아이처럼 하나님의 보호하심을 믿고 지금 상황을 감당하기로 결정한 것이다. 우리도 이렇게 기도할 수 있을까? 그리고 다시 세상으로 뛰어갈 수 있을까?

교회에 오래, 깊이 있었던 사람일수록 사회로, 일상으로 나아가는 것을 두려워하는 경향이 있는 것 같다. 어떤 사람은 세상과 교회 사이에 선을 긋고 '저기는 악한 곳이니 멀리해야 하고, 교회는 거룩한 곳이니 여기만 머물러야 한다'고 말하기도 한다. 하지만 초대교회 선배들은 신앙의 걸음마를 시작하면서 담대하게 세상 밖으로 뛰쳐나갔다. "세상은, 로마는 악한 곳이니 우리끼리 여기 모여 즐겁고 행복하게 살자"가 아니라 세상을 향해 나아가 각자의 자리에서 삶을 살아냈다. 담대히 직장으로, 학교로, 삶의 터전으로 나아가야 한다. 하나님께서 우리를 지켜보고 계신다는 것을 믿으면서 그 자리에서 살아야 한다. 세상은 결코 악하고 더러운 땅이 아니라 하나님께서 아름답게 가꾸라고 주신 우리의 터전이다.

  세상으로 나아간다는 것이 쉬운 일은 아니다. 직장에서 받는 각종 폭언과 폭력, 따돌림, 부당한 대우와 밀려오는 업무, 노동의 대가를 착취하는 사람, 성폭력, 갑질, 피곤한 몸과 마음, 직업 때문에 얻는 병 등…. 각종 트라우마는 우리로 하여금 세상으로 나가는 것을 주저하게 만든다. 그때마다 초대교회의 기도를 기억하고 조용히 읊조리자. "하나님, 저를 지켜봐 주세요." 하나님께서 지켜보고 계신다는 것을 믿고 다시 한 번 더 세상으로 나아갈 수 있었으면 좋겠다.

  세상으로 나아가는 이들을 위한 기도문

오, 하나님, 당신의 이름을 찬양합니다.
당신은 상처와 아픔을 지닌 채로
하늘 보좌에 오르신
예수 그리스도의 본체이십니다.
당신은 인생의 아픔과 굴곡을
아시는 분이시니

아픔과 고난 가운데 있는 자들을
위로하여 주옵소서.
우리의 인내와 기쁨을 통해
성령께서 우리 안에 계시며
우리 인생을 지탱하시는 것을
다른 이들도 알도록 도우소서.
우리와 세상 끝 날까지 함께 하시는 거룩한
삼위일체 하나님의 이름으로 기도합니다.
아멘.

20화

【의로움】

아빠가 하는 건 다 따라 하고 싶은
너는 아빠 껌딱지

아빠 껌딱지 흉내쟁이 울 아들

하나님께서는 미리 아신 사람들을 택하셔서, 자기 아들의 형상과 같은 모습이 되도록 미리 정하셨으니, 이것은 그 아들이 많은 형제 가운데서 맏아들이 되게 하시려는 것입니다. 그리하여 하나님께서는 이미 정하신 사람들을 부르시고, 또한 부르신 사람들을 의롭게 하시고, 의롭게 하신 사람들을 또한 영화롭게 하셨습니다. (로마서 8장 29 - 30절, 새번역)

 결이는 아빠 껌딱지에 흉내쟁이다. 돌 되기 전까지 거의 매일을 하루 종일 함께 시간을 보내서일까? 밤중 수유를 내가 더 많이 해줘서일까? 엄마보다는 확실히 아빠 옆에 있으려고 하는 것 같다. 잠도 내가 더 잘 재우는 편인 것 같기도 하고. 여하튼 내가 뭐만 하면 옆에 달라붙어 뭐하나 지켜보는 탓에 찬양 인도나 설교 준비는 꼭 결이를 재우고 나서 해야만 했다. (지금 이 글도 결이 재우고 쓰는 중이다.) 한번은 집 청소를 하려고 청소기를 돌리는데 어느새 청소기랑 비슷하게 생긴 장난감을 들고 와서는 옆에 달라붙어 청소하는 흉내를 내는 것 아닌가! 쓱쓱 싹싹 제법 포즈도 잘 잡고 아빠가 마루 청소를 끝낼 때까지 구석구석 열심히 청소를 도와(?)주었다. 기특한 녀석.

결이가 한 일은 청소였을까? 너무 귀엽고 기특하지만 청소를 했느냐고 묻는다면 대답은 '아니오'일 것이다. 청소 업체에 맡긴 일이라면 결이는 제대로 일을 하지 못한 것이겠지만, 아빠의 눈으로 볼 때 결이의 행동은 더없이 기특하고 멋진 행동이었다. 내가 본 것은 결이의 청소 능력이 아니라 아빠와 함께 있고 싶고, 따라 하고 싶어 하는 모습이었다. 나에겐 아빠를 따라 하려고 하는 결이의 의지 자체가 훌륭하게 보였다. 내게 그 모습은 백 점짜리 모습이었다.

'의로움'이란 무엇일까? 교회에서 많이 듣는 말 중 하나가 바로 '믿음으로 의로워진다(구원받는다)'일 것이다. 여기서 말하는 믿음이란 무엇에 대한 믿음일까? 우리는 별다른 고민 없이 '하나님'이라고 대답할지도 모른다. 그렇다면 '하나님의 무엇'을 믿는다는 걸까? 그냥 '하나님이 존재한다는 사실'을 믿으면 되는 걸까? 글쎄, 그건 아닌 것 같다. 야고보서 2장 19절은 "귀신들도 믿고 떠느니라"고 말하고 있으니 그저 신의 존재를 믿는 것이 우리의 믿음이 아닌 것은 분명하다. 십자가 사건? 하나님의 하나뿐인 아들 예수님을 우리 죄를 위하여 이 세상에 보내 주셨다는 것, 예수께서 우리의 모든 죄를 지고 십자가에 달려 죽고 부활하셨다는 것, 이것을 믿으면 구원을 받고 천국에 간다는 것? 맞다. 좋은 대답이다. 우리가 자주 이야기하는 복음의 이야기가 바로 이것이니까.

하지만 우리가 말하는 구원이 단지 천국에 가는 거라면 우리는 왜 예수를 믿고 곧바로 이 세상을 떠나지 않는 걸까? 믿음으로 의로워지고, 의로움의 결과가 천국에 들어가는 것이라면 믿자마자 바로 세상을 떠나야 할 텐데 말이다. 이 부분에 대해 조금 더 깊이 생각해 보면 어떨까? 예수를 믿었는데도 하나님이 세상에 우리를 계속 남겨두시는 데에는 다른 의도가 있는 것은 아닐까? 하나님은 믿는 사람들이 이 땅에서 했으면 하는 일이 있는 것은 아닐까?

앞서 읽었던 **【8화】돌아가는 험한 길**의 결론 부분을 기억하고 있는가? 이집트 탈출의 목적이 '모로 가도 가나안만 가면 되는 것'이 아니라 '하나님을 신뢰하는 관계가 되는 것'이었던 것처럼, 우리의 인생 여행도 '모로 가도 천국만 가면 되는 것'이 아닌 것이다. 하나님의 나라, 천국에 들어가는 여행은 이 땅에서 하나님께 순종하고 그분으로만 만족하는 삶의 방식을 배우는 것이다.

그 삶이 쉽지는 않다. 많이 실패하고 좌절하는 게 당연하다. 그러나 거룩의 방향성을 바꾸지 않으려고 어떻게든 노력하며 살아가는 사람들은 언젠가 진정한 천국이 오면, 하나님으로부터 정말로 그렇게 살 수 있는 영원한 능력을 얻게 될 것이다. 영원히 거룩한 삶을 살 수 있게 될 것이다. 거룩하게 살기 원하지만 능력이 없어 온전히 거룩하게 살지 못했던 우리는 천국에서 확실한 능력으로 온전히 거룩하게 살게 될 것이다. 그렇다면 반대로 이 땅에서 거룩의 방향성을 보이지 않고 사는 사람들은 어떻게 될까? 하나님 나라에 들어가기는커녕 만에 하나 하나님 나라에 들어간다 하더라도 그 나라의 거룩한 삶을 견디지 못하고 스스로 뛰어 내릴 것이다. 왜냐하면 그들은 한 번도 하나님 나라 삶의 방식을 따라 살아 본 적이 없기 때문이다.

이 땅에서 하나님의 뜻을 따라 살지 않으면 하나님 나라에서도 안 될 것이다. 이 땅에서 마음과 뜻을 다하여 하나님을 사랑하려고 애쓰는 자만이 그 나라에서도 그렇게 살 수 있을 것이다. 실패하고 부족하더라도 하나님 뜻을 따라 살아가려고 하는 모든 노력은 헛되지 않다. 마지막 날 하나님께서는 우리의 노력을 완전하게 하실 것이다. 의지는 있으나 힘없는 우리에게 의지에 걸맞은 힘과 능력을 주실 것이다.

그러므로 우리가 믿어야 하는 핵심은 '예수님께서 십자가를 통해 하나님께 순종할 수 있는 길이 열렸음을 몸소 보여 주셨다는 것'이다. 예수님께서 이 땅에 계시는 동안 철저히 아버지 하나님의 뜻에 순종하려고 애쓰셨던 이유가 바로 이것이다. 예수님의 뒤를 따르는 우리에게 하나님 뜻에 순종하는 삶이 가능하다는 것을 보여 주시는 것, 길을 열어놨으니 따라오라는 것이다. '너희들 부족하고 잘 안 될 거 다 알지만 내가 판을 펴놨으니 믿고 살아 봐라'는 거다. 이 사실 위에서 우리는 부족할지라도 하나님을 향한 방향성을 잃지 않고 살아갈 수 있다. 하나님은 부족한 우리를 의롭다고 하신다. 오늘은 완전하게 될 그날의 연습이다.

언젠가 결이가 흉내가 아닌 진짜 청소기를 돌리는 날이 올 것이다. 우리에게도 '진짜 의로움'이 무엇인지 알게 될 날이 올 것이라고 믿는다.

21화
【존재】

모르는 척 하지 말아요
말하지 못한다고 없는 게
아니니까요

노키즈존 OUT!

옳은 일을 하는 것을 배워라. 정의를 찾아라. 억압받는 사람을 도와주어라. 고아의 송사를 변호하여 주고 과부의 송사를 변론하여 주어라. (이사야 1장 17절, 새번역)

그 거룩한 곳에 계신 하나님은 고아들의 아버지, 과부들을 돕는 재판관이시다. (시편 68편 5절, 새번역)

그러나 예수께서는 이것을 보시고 노하셔서, 제자들에게 말씀하셨다. "어린이들이 내게 오는 것을 허락하고, 막지 말아라. 하나님 나라는 이런 사람들의 것이다." (마가복음 10장 14절, 새번역)

🐻

"아빠, 노키즈존이 뭐야?"

모처럼의 휴일. SNS에서 넓은 공터가 있는 대형 카페를 발견하고 가벼운 마음으로 길을 나섰다. 평소 여행을 갈 때

꼼꼼하게 하나하나 체크하는 스타일인데 '그냥 카페 다녀오는 건데 뭐'라는 생각으로 SNS를 잘 확인하지 않은 것이 화근이었다. 도착해서 내리려 하는데, 요새 글자 읽기에 열심인 결이가 읽은 표지판 때문에 급하게 다른 카페를 찾아야 했다. 자꾸 노키즈존이 뭐냐고 묻는 아들에게 '아이는 입장 불가'라는 이야기를 어떻게 설명해야 할지 민망했다. '네가 아이이기 때문에, 너는 분명히 떠들고 시끄럽게 할 것이기 때문에, 네가 문제의 원인이 될 거라고 예측했기 때문에 카페가 너를 거절했다'고 이야기해줘야 하나? 너라는 존재를 거절하는 장소가 있다는 얘기를 도무지 할 수 없어서 대충 얼버무리고 다른 카페로 향했다.

나행이 예전에 갔었던 근처 루프탑이 예쁜 카페가 생각나서 오래 헤매지 않았다. 북적북적. 음료와 케이크를 시키고 루프탑에 자리를 잡았다. 결이는 스케치북을 꺼내 요새 한창 꽂혀 있는 도로와 교차로를 열심히 그린다. 기특한 아들 덕에 아빠 엄마는 풍경을 보며 한적하게 커피 마시는 호사를 누리나 했는데…. 한 무리의 어른들이 옆에서 왁자지껄 떠드는 통에 기분이 팍 상해 버렸다. '뭐야? 노키즈존이 아니라 노어덜트존 만들어야 하는 거 아냐?' 방금 돌아

나왔던 카페의 '노키즈존' 팻말이 떠올라 커피 맛이 두 배로 씁쓸하게 느껴졌다. '노키즈존'을 둘러싼 여러 가지 문제와 논쟁을 알고 있다. 업주들의 주장도, 부모들의 주장도 모두 일리 있다. 하지만 그 사이에서 아이들의 입장이 고려되고 있는지 한번쯤 생각해 봐야 하지 않을까? 왜 어른들의 논쟁에 거부당하는 것은 아이들이어야 할까?

성경에서 사람들은 하나님을 여러 이름으로 부른다. 그리고 그 이름들은 하나님이 어떤 분이신지를 분명하게 보여 준다. 그중 성경 곳곳에서 쉽게 찾아볼 수 있는 이름이 있다. 바로 '고아와 과부들의 하나님'이다. 지금도 고아와 과부는 사회적으로 많은 어려움을 겪지만, 고대 사회에서 보호자를 잃어버린 존재는 우리가 생각하는 것보다 훨씬 더 큰 어려움에 처했다. 고대 사회는 철저히 남성 중심 사회로써 보호자인 남성을 잃어버린 아이나 여성은 생존 자체를 위협받았다. 여성 홀로 생계를 꾸려 나갈 수 있는 수단이 거의 없었기 때문에, 남편을 잃는다는 것은 곧 죽음과 같은 의미였다. 단순히 먹고사는 문제뿐 아니라 공동체 안에서 자기 이익을 대변해 줄 사람이 없기 때문에 사회적으로도 죽은 사람이 된다. 그래서 성경에 등장하는 '기업 무를 자의 의무'처럼, 죽은 형의 부인을 형제의 호적에 올려 누군가의 보호 아래 들어가도록 하는 것이 고대 근동의 풍습이었다.

성경은 하나님의 이름에 '고아와 과부'를 넣어 부름으로써 하나님께서 얼마나 이 사회의 약자들에게 깊은 관심과 사랑을 갖고 계신지 의도적으로 보여 준다. 하나님의 관심은 더 약한 사람들을 향해 있었고, 따라서 하나님의 백성은 하나님의 뜻을 따라 공동체의 약한 사람들을 돌보고, 그들이 억울한 일을 당하지 않도록 신경 써야만 했다. 하나님은 부모 없는 이들의 부모가 되시고, 남편 없는 여성들의 보호자가 되셨다.

이사야를 비롯하여 구약의 예언자들이 유다와 이스라엘의 죄를 고발할 때 빼놓지 않고 이야기하는 것이 '너희가 고아와 과부를 억울하게 했다'라는 내용이다. 보호자가 없는 고아와 과부들은 자주 힘 있는 사람의 먹잇감이 되었다. 그들이 억울함을 표현하고 도와달라고 소리 질러도 들어 주는 사람도, 도와주는 사람도 없을 때, 하나님은 중립이 아니라 소리 내지 못하는 자들의 편에 적극적으로 서서 그들의 목소리가 되시고 변호사가 되어 주셨다.

그런 의미에서 '노키즈존'은 자기 목소리를 내기 어려운 아이들에게 책임을 전가하는 잘못된 해결책이라는 생각이 든다. 매장이 시끄럽다고 어른들을 막을 수는 없다. 왜? 어른들은 돈이 있고 힘이 있으니까. 그럼 누구를 막는 게 편할까? 존재가 거부당해도 컴플레인하기 힘든, 목소리를 낼 수 없는 아이들을 막는 게 문제를 해결하는 가장 빠른 방법이라고 생각한 것은 아닐까.

그렇다고 이른바 '진상' 고객을 매일같이 상대해야 하는 자영업자분들의 고충을 무시하는 것은 아니다. 내가 말하고 싶은 것은 아이와 아이를 키우는 부모에게 책임을 오롯이 전가하는 우리 사회의 차가움이다. 아이들을 시끄럽고 성가신 존재로 여기고, 목소리 낼 수 없는 아이라는 존재를 제일 먼저 지워 버리는 사회에서 어떻게 우리 아이들을 잘 키울 수 있을까?

> "아이를 키우는 부모로서 부탁드립니다. 아이들을 환영해 주세요. 호의를 당연한 것으로 여기지 않고, 환대에 감사하며

잘 누리다 가겠습니다. 가끔 돌발적으로 일어나는 아이들의 행동을 이해해 주세요. 자기 의견을 표현하는 법을 배워가는 나이이기 때문에 그래요. 잠깐의 불편을 이해해 주신다면 아이들은 여러분의 배려 속에서 더 건강한 아이로 자라날 겁니다. 우리도 아이들에게 공공장소에서 어떻게 행동해야 하는지 잘 가르치겠습니다. 누구도 배제하지 않고 서로 용납하며 살아가기를 소망합니다."

22화
【성장】

매일이 믿음의 훈련이더라

두 돌, 감기를 떼다

> 내가 어릴 때에는, 말하는 것이 어린아이와 같고, 깨닫는 것이 어린아이와 같고, 생각하는 것이 어린아이와 같았습니다. 그러나 어른이 되어서는, 어린아이의 일을 버렸습니다. (고린도전서 13장 11절, 새번역)

결이는 두 돌 때까지 잔병치레가 많았다. 감기, 모세기관지염, 수족구, 중이염…. 특히 호흡기 질환을 자주 앓아서 집에 네블라이저라는 치료 기기를 구비하여 사용할 정도였다. 그나마 도라지 배즙을 먹이면서 감기 걸리는 건 좀 나아졌지만, 토실토실 튼튼한 겉모습과는 다르게 어디만 다녀오면 어김없이 콧물을 훌쩍거려 걱정이었다. 특히 아플 때가 되면 생기는 쌍꺼풀은 우리 부부에게 공포의 상징이었다. 태어난 지 얼마 안 되어 병원 신세를 지고 정기적으로 검사를 받아야 하는 입장이라, 조금이라도 아프거나 열이 나면 큰 병이 되는 것은 아닌지 걱정되어 바로바로 병원을 찾았다. 한편으로는 맞벌이를 하는 입장에서 결이가 아파 어린이집을 못 가면 일하는 데 어려움이 생기는 슬픈 이유 때문이기도 하고…. 여하튼 결이가 아프면 우리 집은 항상 비상사태였다.

그런데 참 신기하게도 태어나서 두 번째 맞는 생일인 그해 겨울에는 그렇게 자주 걸리던 감기를 한 번도 안 걸리는 것이 아닌가? 어른들 말씀이 두 살 되면 괜찮아질 거라더니 정말 그랬다. 기특하기도 하지. 낮잠을 자는 결이를 보며 어느새 길어진 팔다리에 깜짝 놀라기도 하고, 넘어져도 울지 않고 툭툭 털고 일어나 다시 쪼르르 달려가는 모습이 대견하기도 하다. 키 크겠다고 눈 딱 감고 우유를 마시는 모습도, 혼자 먹어 보겠다며 연습용 젓가락으로 반찬을 집다 그릇 밖으로 날려 터트리는 웃음도, 어깨를 토닥여 주는 손길도 모두 사랑스러운 성장의 증거이다. 이제는 '형아'라며 제법 의젓한 행동을 하려고 노력하는 모습도 보인다.

대체로 어린아이의 순진함은 자기 위주의 행동으로 나타나기 마련이다. 결이도 다른 친구들처럼 욕심도 있고, 자기가 하고 싶은 대로 되지 않으면 짜증을 내기도 했다. 그런데 언제부턴가 스스로를 '형아'라고 부르면서 나름대로 장난감이나 놀이기구 순서를 양보하기도 하고 (물론 속으로는 안절부절못하지만), 울고 있는 아이가 있으면 곁에 다가가서 울지 말라고 한 마디 해주기도 한다. 엄마 아빠가 아파도 딴짓하며 거들떠도 보지 않던 결이가 이제는 먼저 다가와 뽀뽀도 해주고 걱정의 한 마디를 건네주기도 한다. 어린아이의 생각이 변해봐야 얼마나 변하겠느냐고 할 수도 있지만 자기의 이익보다 다른 사람을 위하는 것이 얼마나 어려운 일인가를 생각해 보자. 스스로 성장했다고 생각하고 그에 걸맞은 행동을 하려고 애쓰는 것이 너무 놀랍지 않은가!

고린도 교회에 보낸 편지는 방언을 비롯한 각종 은사를 다루고 있다. 고린도 교회에서는 여러 은사를 사용하는 일이 흔했기 때문에 바울은 은사들이 무분별하게 사용되지 않도록 조언했을 것이다. 바울은 고린도전서 3장 1절에서 고린도 교회 사람들에게 '영적인 사람이 아니라 어린아이 같다'라고 책망한다. 우리가 생각할 때 여러 가지 은사나 기적들이 나타나는 교회라면 대단히 영적이고 뛰어난 신앙인들이 모여 있을 것 같은데, 여러 가지 눈에 띄는 은사에도 불구하고 '신앙이 어리다'고 책망하는 바울의 말이 조금 당황스럽지 않은가?

고린도 교회의 화려한 외적 모습에도 불구하고 바울이 그들에게 어리다고 말한 이유는 바로 교회 안에 여러 파벌과 싸움이 있었기 때문이었다. 누구는 바울 편, 누구는 아볼로 편, 다른 누구는 사람이 아니라 예수만 따른다며 서로 나뉘어 싸웠고, 신앙 문제로 싸우는 것뿐 아니라 교회 안의 음행과 다툼으로 일반 법정에서 시비가 붙는 일까지 (어디서 많이 보던 그림인데….) 한 마디로 총체적 난국이 아닐 수 없었다.

바울이 말하는 영적인 사람의 기준은 서로 사랑하는 것이었다. 아무리 대단한 능력과 은사가 있고, 기적이 나타나고, 양적으로 성장하더라도 교회 구성원 간에 서로 사랑하고 아끼는 모습이 없다면 올바른 신앙이 아니라는 것이다. 바울은 그리스도의 몸을 나눌 때, 다시 말해 성찬을 할 때, 서로 분열된 상태로 나누는 것은 아무 의미가 없다고 말한다. 한 가지 예로 교회에서 보통 성찬을 할 때 '합당하지 않게 주님의 몸과 피를 대하지 말라'는 말씀을 하면 대부분 '성찬 받기 전 죄가 있는지 없는지 생각해 보라'는 말로 알아듣고 숙연해지곤 하는데, 이 말씀은 그런 뜻이 아닌 것이다.

당시 성찬은 각자 준비해 온 음식을 서로 나누어 먹는 공동 식사의 성격이 강했다. 문제는 부자 성도들이 모든 성도들이 다 모이기도 전에 가져온 음식을 자기들끼리 먹어버리곤 한다는 데 있었다. 이러한 배려 없는 행동은 늦게 온 가난한 성도들을 부끄럽게 만드는 동시에 성찬을 의미 없게 만드는 행동이었다. 바울은 다른 사람을 생각하지 않는 이런 태도가 '그리스도의 몸'을 생각하지 않는 것이라며 강하게 책망했다.

또 당시 시장에 유통되는 고기는 거의 대부분이 이방 신전에 제물로 바쳐졌던 것이기 때문에, 예수를 믿은 지 얼마 되지 않은 사람 중에는 우상에게 바쳐졌던 고기를 먹는 것이 양심에 걸리는 사람들이 있었던 것 같다. 바울은 이런 경우, 자기가 고기를 먹는 것이 아무렇지 않다 하더라도 공동체를 위해 함께 있을 때에는 배려하는 마음을 가질 것을 이야기한다. 서로의 유익을 추구하는 것, 그것이 신앙이며 믿음 생활이라고 바울은 말하는 것이다.

기독교인이 된다는 것, 예수를 믿는다는 것, 믿음을 갖는다는 것은 어떤 의미일까? 주 안에서 성장한다는 것은 무슨 뜻일까? 그것은 '내가' 영적인 능력이 많아지고, '내가' 권위를 가지게 되고, '내가' 점점 더 중요한 사람이 되고, '내' 발언권과 영향력이 강해지는 식으로 교회 안에서 존재감을 키우는 것이 아니다.

신앙의 성장이란 반대로 '다른 사람을 잘되게 해주는 것'이다. 결이 만큼도 다른 사람을 생각하지 않는다면 우리의 신앙은 그야말로 아무것도 아닐 것이다. '나만을 위한 신앙'은 성장하면서 떼야 할 감기 같은 게 아닐까?

내가 예언하는 능력을 가지고 있을지라도, 또 모든 비밀과 모든 지식을 가지고 있을지라도, 또 산을 옮길 만한 모든 믿음을 가지고 있을지라도, 사랑이 없으면, 아무것도 아닙니다. (고전 13:2, 새번역)

23화

【훈육】

지금은 좀 답답하겠지만,
이 울타리가 너를 보호해 줄 거야

선 넘네…?

여러분을 [그리스도의] 은혜 안으로 불러 주신 분에게서, 여러분이 그렇게도 빨리 떠나 다른 복음으로 넘어가는 데는, 나는 놀라지 않을 수 없습니다. (갈라디아서 1장 6절, 새번역)

우리 부부는 결이에게 좀 엄한 편이다. 그러다 보니 결이 할머니는 '애를 너무 잡는다'고 하실 때도 있다. 그래서일까, 할머니만 만나면 의기양양! 양쪽 어깨가 하늘 높이 솟은 채 까부는 김결이다. 뭐 '네가 할머니 옆에서라도 까불지 않으면 어디서 까불겠니' 싶어서 어른들과 있을 때는 그나마 좀 봐주지만 집 밖에서, 특히 다른 사람들과 어울릴 때에는 확실하게 가르치는 편이다. 그렇지 않으면 결이 성격상 선을 넘는 경우가 종종 생기기 때문이다. 옛말로 물색없는 성격인 결이는 관계나 마음에 있어서 회복력이 강한 대신에 다른 사람의 말을 잘 안 듣는 편이다. 그러다 보면 상대방의 의사와는 상관없이 자기 하고 싶은 대로만 해서 다른 사람을 불편하게 만들 수도 있기 때문에, 조금 강하게 말해서라도 해도 되는 것과 하면 안 되는 것을 명확하게 알려 주려고 노력하는 편이다.

아이 키우면서 제일 힘들고 어려운 건 훈육이 아닐까? 사람은 백이면 백 다 다르고, 내 속에서 나왔지만 나조차도 잘 모르겠는 우리 아이. 여느 책 제목을 비틀어 '나도 부모는 처음이라' 이것저것 자료도 찾아보고 강의도 들어 보지만, 무엇이 내 아이에게 딱 맞는 방법인지 항상 불안하기만 하다. 그리고 무엇보다 세상 짧은 나의 인내심, 하…. '화내지 말아야지, 화내지 말아야지….' "결이야!!!" (결국 화냄)

개인적으로 훈육은 '나와 다른 이 사이 경계선을 만드는 작업'이라고 생각한다. 사람은 누구나 태어나면서부터 자기중심적인 세계를 만든다. 배변이나 식욕 같은 아주 기초적인 욕구 해결에서부터 부모와의 관계 속에서 독점적인 위치를 차지하고픈 욕망이 누구에게나 있고, 별다른 좌절을 겪지 않는다면 이러한 경향은 자라면서 점점 더 커지기 마련이다. 하지만 아이는 (대체로) 어린이집이라는 낯선 사회를 경험하기 시작하면서부터 타인, 다른 친구와 선생님이라는 자기에게만 백 퍼센트 집중해 주지 않는 존재를 경험하게 된다. 그러면서 자연스럽게 여러 사람과의 관계 속에서 어떻게 행동해야 하는지 조금씩 배워간다. 예를 들어 내가 싫어하는 행동은 무엇인지, 만약 내가 싫어하는 행동을 다른 사람이 당한다면 그 사람의 기분은 어떨지 생각해 보는…. 다시 말해 나를 알고, 그것으로 다른 사람을 알아가려 노력하는 것. 부모의 훈육이란 바로 이런 부분을 잘 습득하도록 돕는 것이 아닐까 싶다. 그래서 무조건 "이거 해! 이거 하지 마!"가 아니라, 그 행동을 왜 해야 하고 하지 말아야 하는지 가르치는 엄마 아빠의 마음을 결이가 이해하고, 기쁜 마음으로 따라 주었으면 좋겠다.

아직 어린 1세기 교회들을 향한 바울의 가르침 중 갈라디아서는 조금 특이하다. 바울의 편지들 중 유일하게 감사 없이 바로 본론으로 들어간다는 점이 그렇다. 바울의 다른 편지들은 처음에 교회의 성장을 칭찬하고 하나님께 드리는 감사 인사가 나오는데, 유독 갈라디아서만 급하게 본론으로 들어간다. 대체 갈라디아 교회에 무슨 일이 있었기에 바울은 이렇게 급한 느낌의 편지를 보냈던 걸까?

1세기 당시 교회에는 경계선에 대한 서로 다른 두 가지 생각이 있었던 것으로 보인다. 당시 교회는 율법을 지키는 것을 정말 중요하게 생각하는 유대교 배경의 그리스도인들과 율법이라는 것 자체가 너무나 어색한 이방인 그리스도인 두 부류의 사람들이 함께했다. 문제는 교회를 돌아다니며 '율법을 지켜야만 구원을 받는다'라고 가르치는 사람들이 있었다는 것이다. 이 사람들은 구원을 받기 위해서는 반드시 율법을 지켜야만 한다고 하면서 바울을 공격했다. 이런 상황이기에 바울이 다급하게 편지를 쓴 것이다. "구원은 오직 하나님의 은혜로 받는다"라고 말이다.

　가끔 보면 당시 바울을 공격했던 사람들처럼 "너 이것도 하고 저것도 지켜야 진짜 예수 믿는 사람이야"라는 식으로 타인의 믿음을 평가하는 사람을 만나게 된다. 왜 그러는 걸까? 간단하다. 신앙적 우위를 통해 누군가를 통제하고 싶은 욕망 때문이다. 신앙의 위계질서를 만드는 데 율법주의만 한 게 없다. 예배 참석도 잘해야 하고, 헌금도 잘해야 하고, 구원의 확신도 있어야 하고, 봉사도 해야 하고, 뭐도 해야 하고…. 이렇게 신앙을 평가하는 행동들을 만들고 순위를 만들어 다른 사람 위에 서고 싶은 것이다. 이들은 높은 신앙의 기준을 따르지 못하는 사람의 죄책감을 자극한다. 타인의 죄책감을 흔들어서 사람을 움직이는 것이 과연 신앙일까? 내가 아는 복음은 결코 사람의 약점을 쥐고 흔드는 그런 것이 아니다. 오히려 복음은 스스로 지나온 시간들을 되돌아보도록 이끌어, 자기가 몰랐던 약점과 지금까지 해왔던 잘못들을 하나님 앞에서 발견하게 한다. 그렇게 마주한 자신의 한계 앞에서 비로소 우리는 하나님 앞에 엎드려 그분을 마음속 깊이 신뢰하고 따르게 된다. 이런 과정 없이 죄책감을 자극하는 행위로 촘촘한 그물망을 만들어서 사람을 옭아매는 것으로는 근본적인 신뢰도, 신뢰에서 나오는 이끌림과 따름도 불가능하다. 이런 측면에서 오늘날 교회가 행위 중심으로 신앙을 가르치고 있는 것은 아닌지 돌아본다. 왜 그렇게 해야 하는지 이유를 모른 채 맹목적으로 행동만 따라 하는 것이 정말 바울 사도가 갈라디아 교회 사람들에게 가르쳤던 신앙이었을까?

결이를 벌과 매로 무섭게, 또는 기브앤드테이크로 거래하듯이 훈육하고 싶지 않다. 부대끼고, 싸우고, 속상해서 엉엉 울어도 사람과 사람으로서 마음이 통하는 관계로 자라면 좋겠다. 하나님이 우리를 사람으로 창조하셨기 때문에 우리 신앙의 목적도 '점점 사람다워져 가는 게 아닐까'라고 조심스레 생각해 본다. 그래서 우리 모두가 어떤 행위에 대한 이야기를 하기 전에 사람됨에 대한 이야기를 먼저 하면 좋겠다. 죄책감에서 벗어나 자유롭게, 진심으로 하나님을 따를 수 있도록, 어쩔 수 없이 믿는 하나님이 아니라 마음속 깊이 하나님을 따르고 싶도록 말이다. 은혜로 구원을 받았다는 바울 사도의 참뜻은 어쩌면 하나님께서 사람과 그렇게 사랑하고 싶으시다는 뜻은 아닐까?

24화
【공동체】

함께라면 비바람도 괜찮을 거야

떨어져 있고도 싶은데 또 보고 싶고 그르네

그리스도 안에서 여러분도 함께 세워져서 하나님이 성령으로 거하실 처소가 됩니다. (에베소서 2장 22절, 새번역)

"아빠! 같이 놀아 줘!!"

소파에 누워서 야구를 보고 있는데 결이가 카드 게임이 담긴 봉투를 들고 와서 말한다. 아빠와 같이 노는 걸 참 좋아하는 결이. 최대한 마음을 다해 놀아 주고 싶지만 몸이 잘 따라주질 않는다. 그날따라 회사 일이 고되었던 탓에 "아빠 너무 힘들어서 좀 혼자 놀아" 했더니 풀이 죽은 채 장난감을 가지고 혼자 노는 뒷모습이 안쓰러워 보인다. 그래서 "다섯 판만 하자"고 했더니 웃으며 '휙!' 뒤돌아 앉고서는 "으응! 아니 열판!"이라고 흥정을 한다. "(요놈 봐라?) 그럼 지금 다섯 판하고 이따 잘 때 나머지 다섯 판 하자" 했더니 좋다고 카드를 꺼내는 결이. 결이가 언제까지 아빠랑 놀아 줄지 모르니 지금 열심히 놀아 줘야 하지만…, 아빠도 아빠만의 시간이 필요하단 말이다 요놈아! 밤에 잠도 일찍 안 자면서!!

 '함께한다'고 할 때 중요한 것은 무엇일까? 사람마다 다른 생각을 가지고 있겠지만 나는 '누구와' 함께하는지가 제일 중요한 것 같다. 아무리 좋은 곳이라 해도 도무지 함께 있기 싫은 사람하고 같이 있어야만 한다면 그곳이 정말 좋은 곳일까? 결이는 내가 아빠이기 때문에, 나는 결이가 내 아들이기 때문에 함께하고 싶은 것이다. 결국 함께하기 위해서 필요한 것은 관계가 아닐까. 아무리 많은 사람을 한곳에 모아 놓아도 서로 간에 아무런 관계가 없다면 그것은 함께하는 게 아니라고 생각한다. 함께 있고자 한다면 희생이 필요하기도 하다. 나의 한정된 시간과 물질을 다른 사람을 위해 기꺼이 나눠줄 수 있어야 서로의 다름에도 불구하고 하나로 남을 수 있다. 하지만 피로 이어진 결이와 아빠도 쉽지 않은데 하물며 다른 사람에게는 힘든 게 당연하겠지.

에베소서는 '교회를 위한 편지'라고 불린다. 하나님의 구원을 통해 그분의 백성이 된 우리가 어떻게 함께 교회가 되어갈 수 있는지를 그리스도인의 삶으로 보여 주는 아주 실제적인 편지다. 우리는 흔히 건물을 가리켜 교회라고 하는 경우가 많다. 하지만 에베소서에서 바울은 '예수 그리스도의 십자가 위에서 연결되어 가는 사람들'을 교회라고 말하고 있다. 즉 교회는 건물이 아니라 사람들이다. 하지만 단지 사람들이 많이 모여 있다고만 해서 교회가 될 수는 없다. 그리스도 안에서 함께 있어야 교회라고 부를 수 있을 것이다. 그런 점에서 교회란 '삶의 방식'이고, 더 나아가 그런 방식을 '교회로 산다'라고 부를 수 있을 것이다.

주일날, 함께 있지만 서로에게 아무런 관심도 없고 아무런 영향도 끼치지 못할 때, 과연 우리는 '교회로 산다'고 말할 수 있을까. 가끔 교회 안에서 아득히 멀어지는 것 같은 느낌을 경험한 적이 있지는 않은가. 사람들이 모여 서로 웃고 있지만 그 순간 너무 외로운, 무리에서 동떨어져 있는 것 같은 그런 느낌 말이다.

신약에는 '서로 - 하라'는 말이 수십 번 이상 등장하는

데, 얼마나 서로에게 관심 갖는 것이 잘 안 되었으면 수십 번이나 편지에 '서로 - 하라'고 언급했을까? 이는 초대교회에서도 서로 관계를 맺는 것이 잘 안 되었다는 증거일지도 모르겠다. (초대교회도 잘 안 되었다니 조금은 위로가 되지 않는가?) 여하튼 그때나 지금이나 다른 사람을 생각하며 사는 것이 쉽지 않은 일인 것은 분명하다. 그런데도 왜 하나님은 우리를 교회로 살아가라고 부르셨을까? 아니 교회가 정말 필요하긴 한 걸까? 그냥 나 혼자 잘 믿고 열심히 잘 살아 보려고 노력하는 것만으로는 안 되는 걸까? 굳이 마음이 맞지도 않는 사람과 부대끼며 지내야만 하는 걸까?

그 이유는 우리 하나님이 바로 '공동체'로 계시기 때문이다. 성부 하나님은 사람과 세계를 구원하기로 결정하셨고, 성자 예수님은 그 결정에 기쁘게 자신을 드리셨으며, 성령 하나님은 그 구원을 우리에게 전달해 주시고 믿는 사람들 안에서 역사하신다. 삼위일체 하나님은 이 모든 사역을 서로가 서로를 사랑하기에 기꺼이 감당하신다. 사랑으로 세 분이 하나가 되신다. 이런 전적인 의지와 사랑의 관계를 우리는 '삼위일체'라고 부른다. 이렇듯 하나님이 사랑이시기 때문에, 피조물인 사람들이 사랑의 관계를 경험하고 서로 의지하며 살아가기를 원하신다. 그래서 하나님은 교회라는 존재 방식, 교회라는 삶의 방식을 만드신 것이다.

교회로 살아가기가 매우 어렵다는 것은 이미 앞선 이천 년의 역사를 통해 충분히 검증되었다. 교회로 살아가기엔 교회에서 받은 상처가 큰 사람도 있고, 교회를 등지기엔 교회와 얽힌 추억이 많아 애증이 큰 사람도 있을 것이다. 솔직히 무엇이 해답인지 모르겠다. 하지만 나는 교회에서 '교회로 사는 것'의 기쁨을 조금이나마 맛보았고 그 덕분에 여기까지 올 수 있었다. 나는 이 풀리지 않는 감정을 끌어안고 끝까지 교회로 살아가기 위해 애써 보려고 한다.

'교회가 희망'이라는 말은 결코 교회의 잘못을 덮는 도구로 쓰여선 안 된다. 나는 '교회의 약점에도 불구하고 교회로 살아가려고 애쓰는, 그리스도의 피로 이어진 한 사람 한 사람의 노력'이 교회의 희망이라 말하겠다. 여전히 교회로 살고 싶어 교회를 찾는 모든 순례자들을 응원한다. "주님, 부디 우리가 교회로 살아갈 수 있도록 도와주세요."

25화

【복음】

삶이 연극이라면
너와 나는 지금 어떤 배역을
연기하고 있을까?

삶이라는 연극의 배우로 살아가기

그러나 여러분은 택하심을 받은 족속이요, 왕과 같은 제사장들이요, 거룩한 민족이요, 하나님의 소유가 된 백성입니다. 그래서 여러분을 어둠에서 불러내어 자기의 놀라운 빛 가운데로 인도하신 분의 업적을, 여러분이 선포하는 것입니다. (베드로전서 2장 9절, 새번역)

결이랑 로보카 폴리 놀이를 하다 보면 가끔씩 "아빠! 그건 반칙이지!"라고 짜증을 낼 때가 있다. 어리둥절해서 "왜?" 하고 이유를 물어보면 '헬리는 그렇게 안 한다'는 거다. 자기가 제일 좋아하는 폴리랑 로이는 아빠한테 시켜주지도 않으면서…. 억지로 헬리를 연기하는 것도 억울한데 완벽한 메소드 연기를 요구하는 아들에게 "그럼 아빠 폴리 놀이 안 할 거야!"라고 하면 그것도 반칙이란다. 정말이지 자기 마음대로 김결 월드이다. 아무리 아빠라도 김결 월드에서는 한 명의 연기자일 뿐이다. 맡은 배역에 최선을 다해 결이를 기쁘게 하는 것이 김결 월드의 폴리 놀이 연극 무대에 오른 아빠의 일이다. 만약 내가 결이에게서 폴리 놀이의 주도권을 뺏어서 결이에게는 헬리만 주고 백날 순찰만 다녀오라고 하면 어떻게 될까? 결이는 서러워서 엉엉 울고 말 것이다. 그 순간 나는 좋은 아빠도 아니고, 폴리 놀이 연극에서 좋은 연기자가 되지도 못할 것이며, 곧 아내에게 등짝 스매싱을 당하게 될 것이다. 결이가 친구들하고 놀다가 싸우면 이유는 거의 99퍼센트 결이 월드와 다른 친구 월드가 부딪히기 때문일 것이다. 결이 월드는 결코 두 명의 왕을 허락하지 않는다.

결이처럼 누구에게나 상황과 환경을 통제하고 싶은 욕구가 있다. 사람들은 왜 점을 보고 미래를 알고 싶어 할까? 나에 의해 완벽하게 통제되는 환경, 예측 가능하고 두렵지 않은 안정된 상황을 원하기 때문이다. 그래서 아주 작은 권력만 생겨도 그 힘으로 모든 것을 통제하고 싶어 한다. 연애 관계에서도 상대방을 내가 원하는 모습에 맞추고 싶어 하고, 직장에서도 회사가 원하는 방식으로 직원들을 통제하려고 한다. 내 자녀의 미래 역시 부모의 기대와 바람을 따라 통제하려고 애쓴다. 이것은 '다스리라'는 하나님의 명령이 죄로 깨어진 세상 속에서 어떻게 잘못 사용되고 있는지를 잘 보여주는데, 성경에서 말하는 '다스림'은 '선한 돌봄', '보호'의 의미를 가지고 있기 때문이다. 사랑 없는 다스림, 이것은 우리의 가장 큰 문제다.

베드로 사도가 보낸 첫 번째 편지는 하나님 나라를 살아가는 우리의 배역을 상기시켜 준다. 현실에서는 '잊혀진 족속이요, 식민 지배 아래 성전과 제사장 명맥이 끊긴 지 오래요, 혼합된 문화 속에 살아가는, 황제의 백성'으로 살아가고 있지만, 복음의 능력을 통해 하나님의 나라에서는 완전히 다른 배역을 맡게 되었다는 것이다. 오늘 우리 삶에 잇대어 말하면 일상에서는 '소시민이요, 윗사람의 지배 아래 회사를 섬기고, 세속적인 문화 속에 살아가며, 자기 결정권 없이 회사의 소유'로 살아가지만, 우리를 어둠에서 불러내어 구원의 빛으로 인도하신 분이 우리가 겪는 삶의 모습에도 불구하고 완전히 다른 존재, 다른 역할로 살아가도록 길을 열어 주셨다는 것이다.

거꾸로 말하면 일상에서 우리를 구원하신 분의 업적을

선포하는 것을 통해, 우리는 '택하심을 받은 족속으로, 왕과 같은 제사장으로, 거룩한, 하나님의 소유인 백성'으로 살아갈 수 있다는 것이다. '하나님 월드'에서 우리가 맡은 역할은 하나님의 업적을 선포하는 것이다. 그 역할을 훌륭하게 연기하는 것으로 우리는 세상의 사랑 없는 다스림을 벗어버릴 수 있다.

하지만 그 선포는 팻말을 들고 "예수 믿고 천국 가라"고 말하는 것이 아니다. 사랑 없는 다스림이 가득한 세상에서 사랑으로 내 아이를 돌보고, 동시에 남의 아이의 고통에 귀를 기울이며, 나와 함께하는 사람들을 선하게 대하며 어려움을 기꺼이 도와주는 것. 내가 필요한 것을 얻기 위해 상대를 조종하지 않고 진심으로 대하며, 약하고 소외된 이들에게 돌려받을 것을 기대하지 않고 도와주는 것. 이렇게 진정한 사랑의 돌봄을 작게나마 실천하는 것이 세상을 창조하고 우리를 구원하신 분의 업적을 선포하는 것이고, '하나님 월드'에서 맡은 배역을 충실하게 연기해 내는 것이다.

그 과정에서 '기도'는 우리가 맡은 배역을 제대로 연기하기 위해 필요한 '연기 연습'과도 같은 것이다. 진정한 기도는 답을 정해 놓고 하나님께 정답을 말해달라고 요청하는 것이 아니다. 오히려 반대로 응답은 열린 결말로 두되 그분의 뜻을 알고자 애쓰는 것이다. 그래서 기도하면 할수록 감독이신 하나님이 원하는 연출 방향을 이해하게 되고, 그 역할을 제대로 해낼 수 있게 된다. 우리의 연극에는 예상치 못한 사고와 사건들이 발생하겠지만, 기도를 통해 감독이신 하나님의 뜻을 기억하며 멋진 애드리브로 넘어갈 수도 있을 것이다. 기도하지 않으면 우리는 하나님의 업적을 제대로 선포할 수 없다.

우리는 왕이 아니다. 세상을 지배하는 사람들도 왕이 아니다. 오직 하나님만 세상의 왕이시고 진정한 감독이시다. 나도, 당신도, 주변 사람들 모두가 '하나님 월드'의 출연진이다. 각자 자기 배역을 잊어버리고 우왕좌왕하는 이 망가진 무대에서 누군가는 제대로 된 배역을 연기해야 한다. 짜증나고 반칙투성이인 인생 무대에서 빨리 퇴장하거나 무대 뒤로 숨어버리고 싶기도 하지만, 우리는 제대로 서서 하나님의 업적을 선포하라는 명령을 받았다. 그것이 우리의 역할이다. 이 연극을 아름답게 마치기 위하여 오늘도 최선을 다해 맡은 배역을 연기하자.

26화
【계시】

그 끝이 언제든
가능하다면 우리
오래도록 함께 걸을 수 있기를

끝을 생각하느라 지금을 즐기지 못하면 바보야!

그러나 이제 그는 자기를 희생 제물로 드려서 죄를 없이 하시기 위하여 시대의 종말에 단 한 번 나타나셨습니다. (히브리서 9장 26절, 새번역)

형제자매 여러분, 그 때와 시기를 두고서는 여러분에게 더 쓸 필요가 없겠습니다. (데살로니가전서 5장 1절, 새번역)

나는 알파며 오메가, 곧 처음이며 마지막이요, 시작이며 끝이다. (요한계시록 22장 13절, 새번역)

🐻

"결이야 생일 선물 뭐 받고 싶어?"
"여행!"

다섯 살 생일 선물로 여행을 가고 싶다는 결이다. 생일 선물로 여행이라니, 생각지도 못한 대답에 좀 당황했지만 뭐 여행은 언제 가도 좋으니까. 우리가 여행을 가기로 한 시기는 강원도에 큰 산불이 난 직후여서 다들 여행을 취소하는 분위기였지만, 이럴 때일수록 가는 게 응원이 될 것 같다고 생각해서 속초로 향했다. 2년 전 결이와 함께 왔던 코스를 다시 돌아보기로.

먼저 대관령에 있는 목장에 갔는데 결이는 전-혀 처음 온 것 같은 분위기. 마차를 타고 산 정상에 오르니 2년 전에는 초록초록했던 산등성이가 연한 갈색으로 칠해져 있었다. 저 멀리 풍력 발전기를 향해 깔깔거리며 뛰어가던 결이의 모습, 함께 걸터앉아 사진을 찍었던 바위, 결이가 들어가 앉았던 기차 모양 대기실 등 2년 전 모습이 겹쳐 보이는 듯했다.

예전엔 양의 똥꼬(?)를 쫓아다니며 웃던 결이는 손에 든 건초를 노리며 달려오는 양으로부터 "으아-" 도망치며 2년 전의 빚을 돌려받고 있었다. 예전에 왔을 땐 손발이 짧아 못 놀았던 정글 놀이터에서 줄타기도 하고, 맛있는 요거트도 한 잔 마시며 옛 기억에 새로운 추억을 덧 씌웠다. 강릉 바닷가로 자리를 옮겨 우리 부부는 바다를 보고, 결이는 모래 놀이를 했다. 그렇게 한참을 놀다가 속초 시장에서 온

갓 맛난 음식을 사서 숙소로 돌아가 조촐하게 결이의 생일 파티를 했다. 숙소에 있는 찜질방에서 찜질도 하고, 다음 날은 한창 벚꽃이 흐드러지게 핀 숙소 앞 꽃길을 걸으며 사진을 남겼다. 한자리에 진득이 붙어 시간을 보내는 게 어려운 엉덩이 가벼운 두 남자 때문에 엄마는 차분히 여행을 즐기지 못해 불만이다.

여행 마지막 날 아침, 결이가 갑자기 꼭 집에 돌아가야 하냐며 눈물을 뚝뚝 흘린다. 왜 집에 가야 하냐고 한참을 실랑이를 벌이다가 아빠랑 엄마는 집에 갈 거라고 하니 결국 자기도 가겠다고 마음을 바꾼다. "이다음엔 어디 가요?" "이다음엔 뭐해요?" 결이는 이 놀이를 마치면 다음엔 어떤 놀이를 하는지, 이곳을 떠나면 다음엔 어디로 가는지 끊임없이 다음 순서를 물어본다. 꼬리를 무는 질문에 "집에 갈 거야"라고 대답하면 금세 시무룩해지고 만다. 결이는 끝이 오는 것을 두려워한다. 이야기가 죽음이나 천국에 대한 이야기까지 흐르기도 한다. 그럴 때 엄마는 결이에게 "끝이 오는 게 두려워서 지금을 즐기지 못하면 손해!"라고 말해 준다. 맞는 말이다. 결이 나이에는 아직 몰라도 되는 것이 있다. 미래로 너무 멀리 눈을 돌리면 지금 곁에 있는 순간들을 놓치게 될지도 모른다. 때로는 나중을 알지 못하는 것이 감사하게 느껴지기도 한다.

🐻

기독교인들은 종말에 관심이 많다. 마지막 순간에 나는 어떻게 될 것인가? 우리는, 이 세계는 어떻게 될 것인가? 하나의 성경을 두고 종말에 대한 관점과 해석이 다양하다. 하지만 어떤 관점을 선택하더라도 성경이 우리에게 말하는 것은 '아직 너희는 몰라도 돼'인 것 같다. 때와 시간은 그분께 달려 있고 우리는 아직 몰라도 된다는 것, 그것은 반론의 여지가 없는 성경이 말하는 바다.

종말에 대해 초대교회로부터 이어져온 가장 오래된 관점을 소개하자면, 종말이란 마지막 때에 찾아올 어느 한순간이 아니라 예수님이 이 땅에 오신 순간부터 지금까지라는 것이다. (우리가 알고 있는 휴거 같은 이야기는 고작 백 년 정도밖에 안 된 전혀 새로운 이야기이다.) 예부터 기독교인들은 종말을 '악한 세상'이 끝나는 순간으로 이해했고, 그 순간은 예수님께서 이 땅에 오셔서 죽으시고 부활하신 것을 통해 시작되었다고 생각했다. 우리의 끝이 아닌 세상을 다스리는 악한 세력의 끝, 그것이 바로 종말이다. 그래서 우리는 '이미와 아직'이라고 표현하기도 한다. 예수님이 오셔서 악의 세력을 끝내셨지만 아직 완성된 것은 아니다. 여전히 악은 존재하며 아픔과 슬픔이 있고 이해할 수 없는 일들이 일어나지만, 그럼에도 불구하고 예수님께서 승리하셨고 모든 것을 완전히 회복시키실 것을 믿으며 살아가는 것, 때문에 우리는 '이미와 아직'을 살아간다고 표현하기도 한다. 우리는 종말을 바라보는 것이 아니라 종말을 살고 있다.

종말을 살아간다는 것은 어떤 뜻일까? 우리는 흔히 '종말'하면 모든 것이 끝나는 순간만을 생각한다. '주님 다시 오시는 마지막 날'이라든지 '죽어서 천국에 가는 날'이라고 말이다. 일면 맞는 말이지만 이렇게 '끝'만 생각하다보면 과정을 놓쳐버릴지도 모른다. '종말'에만 집중하다 자칫 일상을 놓칠 수도 있다는 얘기다. 가족과 즐거운 시간을 보내는 것, 직장에서 열심히 일하는 것, 학교에 가는 것, 친구들과 만나고 맛있는 음식을 먹고, 새로운 곳으로 여행을 떠나는 것, 하나님을 예배하고 서로 기뻐하는 것…. 끝에만 집중하다보면 하나님께서 우리에게 허락하신 이 많은 좋은 것들을 누리지 못할 수도 있다. 예수를 믿는 목적이 죽어서 천국에 가는 것뿐이라면 하나님이 우리를 이 땅에 남겨 두실 이유가 없지 않겠는가? 끝에만 집중하는 것은 하나님께서 우리에게 다스리라고 주신 세상을 회복하라는 명령도 간과하도록 한다. 죄가 만들어낸 많은 아픔과 상처들을 치유하고, 보듬고, 함께 울고 슬퍼하며 세상의 빛과 소금으로 살아가라는 우리의 사명을 잊어버린 채 내 구원, 내 미래에만 매달리는 이기적인 신앙에 빠지게 될지도 모른다.

종말을 살아가는 사람들은 지금의 기쁨과 즐거움을 누릴 줄 알고, 아픔과 슬픔을 서로 나누며 살아가는 사람들이다. 그러니 마지막을 두려워하지 말자. 하나님은 우리가 알 수 없는 두려움에 매달려 지금을 누리지 못하며 사는 것을 바라지 않으실 것이다. 알 수 없는 것은 알 수 없는 대로, 대신 우리가 알고 경험하는 모든 것들을 최대한 기뻐하고 즐거워하며, 주어진 모든 순간과 만나는 사람들에게 최선을 다해 지금이라는 종말을 살아보자. 오지 않은 끝을 걱정하느라 지금을 즐기지 못하면 손해니까!

항상 기뻐하십시오. 끊임없이 기도하십시오. 모든 일에 감사하십시오. 이것이 그리스도 예수 안에서 여러분에게 바라시는 하나님의 뜻입니다. (살전 5:16 - 18절, 새번역)

에필로그

내 삶에 찾아온 공백 같던 시간,
그 시간에 의미를 부여하다

—

 결이를 보며 깜짝 놀랄 때가 있다. 어느새 훌쩍 큰 것을 보며 시간이 정말 빨리 흐른다는 것을 체감한다. 벽에 붙여 놓은 줄자에 새겨진 날짜와 키를 볼 때, 아이를 안으며 무게의 변화를 느낄 때, 더 이상 타지 않는 유아차를 볼 때, 그리고 아빠 엄마를 찾지 않고도 알아서 친구들과 어울려 놀고 있는 모습을 볼 때…. 그럴 때 우리 아이가 하루가 다르게 커가고 있다는 것을 새삼 깨닫는다. 아이의 시간은 느린 것 같지만 확실히 흐르고 있었고, 내 시간도 역시 흘러가고 있음을 발견한다.

 결이가 우리에게 찾아올 무렵 나의 상황은 최악이었다. 특히 경제적으로 말이다. 의정부에서 안양을 오가며 주말을 쏟아 부은 전도사 사역은 임신한 아내를 주말 내내 혼자 둘 수 없어 그만두었고, 주중에 할 수 있는 다른 일을 찾아보려고 했지만 쉽지 않았다. 근처에 살고 계신 장모님과 주변 분들의 도움으로 결이가 무사히 태어났지만, 취업과 관련해서는 일이 너무 풀리지 않았다. 결국 아내는 몸조리도 잘 마치지 못한 채 피아노 학원 강사일을 시작해야 했다.

나는 생계를 위해 일을 나간 아내를 대신해 육아를 전담하게 되었다. 끊임없이 먹어대는 결이를 위해 하루에도 몇 번씩 젖병을 씻고, 먹은 만큼 싸놓은 묵직한 기저귀를 갈고, 땀, 침, 음식물 범벅이 된 옷을 빨고, 아이의 웃는 얼굴을 보기 위해 얼굴을 수십 번 가렸다 펴기를 반복, 바닥에만 놓으면 발동하는 '등 센서'를 피해 업고 재우기를 반복…. 그렇게 정신없이 보내도 하루는 쉽게 끝나지 않았다.

육아는 몸이 힘든 것과는 별개의 또 다른 차원의 문제가 있었다. 바로 사회에서 경력을 쌓는 데 어려움이 생긴다는 것이다. 아이를 돌보며 취업을 준비한다는 것은 생각보다 쉽지 않았다. 한 번, 두 번…. 겨우겨우 시간을 내서 보게 된 면접에서는 탈락을 거듭하며 자신감이 떨어졌고, 번듯하게 직장 생활을 하며 경력을 쌓아가는 친구들이나 목사 안수를 받고 사역을 해나가는 신대원 동기들과는 달리 계속 뒤처지고 있다는 생각에 조바심만 쌓여갔다. 항상 에너지 넘치고 열정적으로 사역하던 모습과는 달리 무기력과 의기소침, 잦은 짜증과 분노가 점점 내 속을 점점 갉아 먹어갔다. 그렇게 육아 우울증이 찾아왔다.

지금 와서 돌아보면 죽을 것처럼 괴로웠던 그때와 지금 사이 무슨 일이 있었는지 잘 기억나지 않는다. 언제쯤부터 상황이 나아졌는지, 무슨 일들이 계기가 되었는지, 어떤 노력을 했는지 잘 모르겠다. 그래서 비슷한 어려움을 겪는 누군가에게 조언이나 극복 방법 같은 것을 감히 알려줄 수가 없다. 하지만 딱 한 가지 말할 수 있는 것은 끊어진 것처럼 보이는 시간들이었지만 그 시간들을 거쳐 지금의 내가 여기 존재한다는 것, 무의미한 날들의 반복 같았지만 쌓이고 나니 '그 시간을 포함한 모두가 나 자신'이라고 말할 수 있다는 것, '의미 같은 건 결국 시간이 지나고 내가 해석하기 나름이라는 것' 정도이다.

―

성경이 기록하고 있는 유다와 이스라엘의 마지막으로부터 예수님께서 오시기까지의 공백의 시간을 '신·구약 중간기' 또는 '제2 성전기'라고 부른다. 우리는 구약의 마지막 책인 말라기에서 종이 한두 장을 넘겨 신약의 복음서로 넘어갈 수 있다. 그래서 종이 몇 장 사이에 얼마나 긴 시간이 숨겨져 있는지 잘 모른다. 하지만 우리가 잘 알지 못하는 시간 사이에는 수많은 사람들과 이야기가 담겨져 있다.

성경을 읽는다는 것은 눈앞에 보이는 글자만이 아닌 글자와 글자, 이야기와 이야기 사이 공백을 읽는 것이기도 하다. 대부분 그리스도인들이 있는지조차 모르고 있는 중간기의 이야기들은 신약 성경이 기록된 시대를 준비하는 여러 흥미로운 요소들로 가득하다. 포로로 끌려간 이스라엘 사람들에게는 어떤 일이 있었는지, 이스라엘은 어떻게 로마의 지배를 받게 되었는지, 예수님 당시의 사람들이 왜 그렇게 메시아를 기다렸는지, 조금만 들여다보면 공백 사이 깨알같이 담긴 숨은 이야기들을 찾을 수 있다. 공백의 연장선에서 바라보는 예수님은 어떤 분이실까?

우리는 보통 예수님하면 '목수'를 떠올린다. 1세기 당시의 목수는 우리가 생각하는 힙한 공방 사장님이 아니라, 대공사나 노역에 동원되는 일당 노동자에 가까웠다. 팔레스타인의 작열하는 햇볕과 메마른 바람에 검게 그을리고 깊이 패여 갈라진 주름, 잘 먹지 못하고 고된 일에 시달려 말랐을 예수님. 노동으로 다져진 팔다리의 잔근육은 그분을 실제보다 더 나이 들어 보이게 했을지도 모른다. 아마 예수님은 그렇게 일이 있는 곳을 찾아 갈릴리 곳곳을 다니셨을 것이다.

어쩌면 이것을 예수님의 경력단절이라고 부를 수도 있지 않을까? 하나님이 인간이 되셔서 메시아로서의 사명을 시작하는 서른 살 즈음까지 결혼도 하지 않고 일용직을 전전하며 그저 그런 삶을 살아가셨다고 한다면 말이다. 하나님의 아들로 이 땅에 오셨지만, 아버지 요셉이 죽고 과부인 어머니와 동생들을 위해 생활 전선에 뛰어 들어야 했던 예수님. 오늘날로 비유하면 취준생, 알바생, 소년 가장이었던 예수님. 하나님의 OK사인이 떨어질 때까지 살아내야 했던 평범한 인간의 삶. 그 시간은 예수님께 어떤 의미였을까?

성경의 공백을 읽는 것은 성경이 말하지 않는 것들의 의미를 찾아가는 것이다. 성경에는 지금 우리 삶에 직접적으로 적용할 수 있는 것이 그리 많지 않다. 성경에는 컴퓨터, 휴대폰, 자동차 등 우리에게 익숙한 현대 문명이 나오지 않는다. 환경문제, 세계화, 입시, 취업과 같은 우리가 겪는 문제에 대해서도 말하지 않는다. 물론 육아도 말이다. 그래서 성경을 우리 삶에 의미있게 적용하기 위해서는 성경이 말하지 않는 공백을 고민하고 해석하는 시간이 필요하다. 아이를 키우면서 느꼈던 공백들이 성경의 공백들과 내 삶을 연결해주는 계기가 되어주었다.

   의미를 찾기 힘들었던 내 괴로운 시간들은 지금 내 앞에서 웃고 떠들며 신나게 뛰어다니고 있다. 바로 내 아이라는 모습으로 말이다. 내 삶의 공백, 그 모든 의미는 내가 가장 사랑하는 이 아이에게로 수렴한다. 우리 삶은 성경 이야기처럼 계속 이어질 것이다. Life goes on.

감사의 말

  2019년 여름, 아이와 보낸 시간을 되돌아보며 그 시간이 제게 남긴 의미들을 글로 남기는 작업을 시작했습니다. 저의 게으름을 알기에 매주 연재 형식으로 쓰겠다고 SNS에 다짐을 남겨보기도 하고, 어떻게든 마감을 맞추려 애쓴 끝에 처음으로 완결된 작품을 만들 수 있었습니다. 무엇보다 자기 몸을 내어 결이를 낳고 함께 키워 준, 그리고 흐릿해진 기억을 되살릴 수 있도록 아이의 일상을 꾸준히 블로그에 기록해 준 든든한 내 편인 아내와 삶의 기쁨이자 원동력인 이 이야기의 주인공 우리 결이, 연재하는 동안 응원해주시고 다음 글을 기다려주신 모든 친구분들에게, 하나님 나라를 위해 최선을 다해 함께 일하는 기독 출판계의 모든 동역자 분들께도 감사드립니다. 그리고 무엇보다 부족한 글을 세상에 알릴 수 있도록 좋은 기회를 주신 홍성사에 깊은 감사를 드립니다.

  글을 쓸 무렵 전례 없는 바이러스의 대유행이 우리 일상을 크게 바꿔놓았습니다. 그러나 그 이야기는 일부러 담지 않았습니다. 왜냐하면 지금의 모습이 우리의 원래 모습이 아니라고 말하고 싶었기 때문입니다. 이 책에 담긴 글들이 지금의 비(非)일상을 넘어서는, 원래 우리가 누리던 회복된 일상을 기억나게 하는 좋은 재료가 되면 좋겠습니다.

아울러 이 책이 독자분들에게 성경을 보는 신선한 시각을 열어드릴 수 있으면 좋겠습니다. 새로운 시각을 통해 여러분만의 이야기를 성경을 통해 찾아낼 수 있기를 기대합니다. 제가 그랬듯이, 그 이야기가 육아하는 여러분을 보듬고, 위로하고, 버틸 수 있게 하는 원동력이 되어주기를. 여러분의 가정이 더욱 행복해지는 밑거름이 되기를 마음 다해 기도합니다.

2022년 5월, 아빠 김정테와 아들 겸

김 결

말씀이 육아가 되어
The Word became Parenting

지은이 김정태
펴낸곳 주식회사 홍성사
펴낸이 정애주
국효숙 김의연 박혜란 손상범
송민규 오민택 임영주 차길환

2022. 5. 9. 초판 발행   2024. 1. 17. 3쇄 발행

등록번호 제1-499호 1977. 8. 1.
주소 (04084) 서울시 마포구 양화진4길 3   전화 02) 333-5161   팩스 02) 333-5165
홈페이지 hongsungsa.com   이메일 hsbooks@hongsungsa.com
페이스북 facebook.com/hongsungsa
양화진책방 02) 333-5163

ⓒ 김정태, 2022

• 잘못된 책은 바꿔 드립니다.   • 책값은 뒤표지에 있습니다.

ISBN 978-89-365-1525-6 (03230)

함께 읽으면 좋은 홍성사의 책

《아이에게 배우는 아빠》
이재철 목사가 하나님께 선물로 받은 네 아들들과 지낸 114편의
이야기가 실려 있다. 아이들의 모습 속에서 하나님 앞에 서 있는
아이 같은 자신을 발견한 저자의 통찰이 담겨 있는 책이다.
이재철 지음, 408쪽

《부전 자전 고전》
아버지 김기현과 아들 김희림이 주고받은 스무 통의 편지. 동서양
고전 가운데 스무 권을 선정하여 '존재, 타자, 폭력, 국가, 정의, 사랑,
진리, 자유, 세상, 학문'을 주제로 주고받은 부자(父子)의 편지는
삶에서 길어 올린 인생 질문에 대한 답을 나누고 재해석하는 데
집중한다.
김기현, 김희림 지음, 312쪽

《아빠의 펜션》
세상의 모든 아이들과 함께하고픈 아빠의 양육 일기. 사계절
다채로운 자연을 신나게 뛰노는 아이들의 모습과 아이들을 키우며
온몸으로 부딪히고 깨달은 저자의 깨달음을 칼럼 형태로 실었다.
양석균 지음, 260쪽

홍성사. 서울시 마포구 양화진4길 3 T.02-333-5161 F.02-333-5165
hongsungsa.com hsbooks@hongsungsa.com